李氏古传太极系列丛书

薛文宇 著

太极周身行气法（上部功）
——筑基炼形

人民体育出版社

图书在版编目（CIP）数据

太极周身行气法. 上部功：筑基炼形 / 薛文宇著. -- 北京：人民体育出版社, 2023
（李氏古传太极系列丛书）
ISBN 978-7-5009-6300-4

Ⅰ. ①太… Ⅱ. ①薛… Ⅲ. ①太极拳－基本知识 Ⅳ. ①G852.11

中国国家版本馆CIP数据核字(2023)第065497号

*

人民体育出版社出版发行
北京盛通印刷股份有限公司印刷
新 华 书 店 经 销

*

880×1230　32开本　5.625印张　131千字
2023年12月第1版　2023年12月第1次印刷
印数：1—4,000册

*

ISBN 978-7-5009-6300-4
定价：29.00元

社址：北京市东城区体育馆路8号（天坛公园东门）
电话：67151482（发行部）　　邮编：100061
传真：67151483　　　　　　　邮购：67118491
网址：www.psphpress.com
（购买本社图书，如遇有缺损页可与邮购部联系）

探索太极奥妙　道破古传真秘

目　录

第一章　太极周身行气法概述……………………（1）
　第一节　功法源流…………………………………（2）
　第二节　功法特点…………………………………（6）
　　　一、无处不圆，无时不圆………………………（6）
　　　二、柔和匀称，以气化力………………………（7）
　　　三、其根在脚，其行在膝………………………（7）
　　　四、以身带手，动静划一………………………（8）
　第三节　功理要旨…………………………………（9）
　　　一、机在于动，动在于衡………………………（9）
　　　二、重在松柔，贵在行气………………………（9）
　　　三、手眼相随，内外相合………………………（10）
　　　四、命门外突，通脑贯肾………………………（11）
　　　五、气沉丹田，呼吸潜施………………………（12）

第四节　习练效果……………………………（13）
　　一、调动气血运行………………………（13）
　　二、增进体质健康………………………（14）
　　三、强化脏腑功能………………………（16）
　　四、防治慢性疾病………………………（16）
　　五、延缓机体衰老………………………（17）
第五节　习练禁忌……………………………（18）

第二章　太极周身行气法功法功理——上部功……（21）
第一节　功法基础……………………………（22）
　　一、手型…………………………………（22）
　　二、步型…………………………………（23）
　　三、身型…………………………………（23）
　　四、呼吸方法……………………………（24）
　　五、意念方法……………………………（25）
第二节　功法操作……………………………（27）
　　预备势…………………………………（27）
　　第一式　初开势………………………（30）
　　第二式　摆尾势………………………（35）
　　第三式　出水势………………………（42）
　　第四式　抻腰势………………………（46）
　　第五式　灌顶势………………………（54）

第六式　展翅势…………………………………（61）

第七式　戏珠势…………………………………（68）

第八式　摇橹势…………………………………（73）

第九式　钓蟾势…………………………………（80）

第十式　翻江势…………………………………（87）

第十一式　抟腹势………………………………（94）

第十二式　研磨势………………………………（100）

第十三式　踏车势………………………………（108）

第十四式　转轮势………………………………（113）

附录　太极周身行气法受益案例……………………（121）

后记……………………………………………………（165）

第一章
太极周身行气法
概述

功法源流　　功法特点

功理要旨　　习练效果

习练禁忌

第一节 功法源流

太极周身行气法系国家级非物质文化遗产李氏太极拳内功习练体系中的功法之一,据传始于宋代张三丰。张三丰见当时的居山道人多喜静功而致使身体的筋骨无力、气血偏弱,所以在对古传古法进行完善的基础上创编出这部功法并传授给居山道人。这部功法理法脉络是极为清晰的,与道家西派创始人清代李西月搜集整理的《张三丰全集》一书中的理论遥相呼应、暗相吻合。

如在《张三丰全集》的"大道歌"一文中,张三丰祖师曰:"蒙师指我一段功,先将九窍关门通。九窍原在尾闾穴,先从脚底涌泉冲。涌泉冲起渐至膝,膝下功夫须着力。释氏即此号芦芽,又如虫行又如刺。过膝徐徐至尾闾,有如硬物来相抵。方行最上一切功,三段功夫有口诀。从此三关一撞开,泥丸顶上转将来。金锁关穿下鹊桥,重楼十二真奇哉。重楼即名绛宫室,绛宫黄庭有端的。黄庭一室须要精,精在中间一点灵。切莫糊涂为隐秘,黄庭便是真玄关。不识玄关端的处,真铅采来何处安?"

其中的"九窍原在尾闾穴,先从脚底涌泉冲。涌泉冲起渐至膝,膝下功夫须着力。释氏即此号芦芽,又如虫行又如刺。过膝徐徐至尾闾,有如硬物来相抵。方行最上一切功,三段功夫有口诀"在功法练习中就体现在腰以下的小周天循环练法,后面有专门的练法说明。

当此功法传承至李氏太极拳创始人清代李瑞东时,已经开始与太极拳的习练有了更为紧密的联系。在李瑞东祖师所留的拳谱秘本中对此有记载：

"外部动作，即为有形姿势。吾人可以目见者，举手投足，进退起落是也。夫太极之形本为浑圆，拳之所以名为太极者，实循其理而象其形也。故太极拳之动作，无论身手足步，不动则已，若动则终不脱手中圆圈。一趟太极拳，实为无数圆圈所组成，虽有纵、横、平各势，但其为圈则一也。此即内派拳家所谓圈中自有妙理者，是矣。拳法既不离乎圈，则学者对于圆圈自当重视而熟习之。故初练时以此为标准。"

从中我们不难发现，这些都是平时所能见到的太极拳习练中的明显特征。所以，本内功功法就从当初张三丰祖师重在通经活络、气行周天的内功修炼的基础上，一跃而成为帮助太极拳习练者快速得气，达到拳功一体的练习目的的功法。

李瑞东祖师对功法的内气运行特征在所留的拳谱秘本中又作了这样的特别说明：

"外部之动作，为有形之表现；内部之运化，为无形之作用。无形为先天，有形为后天，凡物皆从无形而至有形。太极拳之注重于运化，亦此理也。此种拳法，在表面上观之，其动作有如柔枝嫩叶，弱不禁风，但其作用，则深合太极之理，盖以心行气，以气运身，其理固非俗人所易悟也。以心行气，则气无不达；以气运身，则身无不遂。心之所至，即气之所至，亦即身之所至，所谓如九曲珠者是也。行气之道，其理玄微，非片言所可尽，亦非于此拳有深切之研究者不能悟其奥旨。"

从中可见祖师对内气运行的重视程度。这些叙述正是太极周身行气法的名称由来。李瑞东祖师为何如此重视内气运行呢？因为太极拳是内家拳，内家拳的"内"字的含义之一就是人体内的内气。所以凡是习练太极拳的人如果没有内气之感，那么练的

就肯定有不对的地方,就和外家拳在根本上没有什么不同了。对此,李瑞东祖师在所留拳谱秘本中说道:

"练拳技之人在入手前,必有相当之预备,如坐步柔腰等基本法则,皆须达到相当之程度时,始进而练成趟拳法,此亦犹小儿读书,以识字为入手之初步也。外派拳技如此,太极拳亦未能独异。惟预备之法则不能尽同耳。

盖外派拳技纯以力行,而太极拳则纯以气行,力主刚,气主柔,刚柔既判,则练习之法亦自在异矣。今之学太极拳者多矣,往往以时间之关系,入手即从整趟而不及于预备。

此种练法虽可以达到成功之境,但其间必多阻碍手足生硬等弊,固所不免。而行气致柔之道尤难称意,此皆准备不足之害也。若入手之前,对于种种紧要之关键而有充分之预备者,进而练习整趟之太极拳,则驾轻就熟,定可收事半功倍之效,不至发生不良之反响矣。

其所应当预备之事,亦非一端。在动作之表面,以柔和匀称为最重要条件。而动作之实际,以运气化力为不二法门,能知此二事,始可与言太极拳。然表面之柔和匀称易于练习,实际之运气化力难于见功,故往往有练习甚久,姿势亦颇悦目而并未得其实益者,即未得运化之道也。故'太极十三势行功心解'云:'以心行气,务令沉着,乃能收敛入骨,以气运身,务令顺遂,乃能便利从心。'又云:'行气如九曲之珠,无往不利。'又云'气若车轮'等等。于此亦可知行气之道大矣。

故凡练习太极拳之人,不能仅以动作柔和匀称即谓尽其能事。务必达到以心行气,以气运身之目的,然后始可得其实益。现将各种方法分述于后,以为入手之准备。学者可以循规而进,不至入迷途也。"

这说的既是太极拳习练之法的特点，同时也指出太极拳不能仅仅以外部动作的好看悦目、松柔圆活作为衡量太极拳功夫如何及练得对错的标准，还要以内部是否有气，且能通过心意结合形体的运用，将内气行遍周身作为练出太极功夫的必需手段。而在这一方面，恰恰正是当前众多太极拳习练者所欠缺和所希望的。

以上说的是习练太极周身行气法上部功"筑基炼形法"的旨要。当通过上部功的练习，我们把周身练得体松、气柔、心安、神聚、意专，从而变得气血鼓荡，诸疾渐去之后，就可进入下部功"开关展窍法"的习练了。

之前已经说过，张三丰祖师本是出于通经活络、以气行周天的内功修炼目的而创编了这套功法。所以这部功法是独立的，有着它自己的一套习练体系。当进入下部功习练的时候，要结合十二正经和奇经八脉上的一些穴位和关窍来下一番功夫了。术语上称之为"引气归元，导气入脉"，即把此前所练出来的内气通过下部功归入气脉里，实则是上部功更为深入细致的练法层次，是形、神、意、气更为深邃的练法内容和要求。

《大道歌》中曰："过膝徐徐至尾闾，有如硬物来相抵。方行最上一切功，三段功夫有口诀。从此三关一撞开，泥丸顶上转将来。金锁关穿下鹊桥，重楼十二真奇哉。重楼即名绛宫室，绛宫黄庭有端的。黄庭一室须要精，精在中间一点灵。切莫糊涂为隐秘，黄庭便是真玄关。不识玄关端的处，真铅采来何处安？"在这一段中已经有了明确的交代，这实际上已经涉及道家修炼的较深法门。

这些年，太极周身行气法的上部功在全国范围内传播较广，而下部功因为师门法脉的规矩一直传播有限。这次应广大李氏古传太极学习者的迫切要求，在征得我师郑昭明先生的同意，后续会将下部功的练法歌诀和习练旨要结合经络穴位图进行公开，以回向众生，利益民众。

第二节 功法特点

太极周身行气法从始至终都是以遵循太极之理和太极之象为习练准则，进而将内气充分地在体内运行的方式方法。它的练习特点大致如下：

一、无处不圆，无时不圆

本功法非常重视圆。"圆"无处不存，无时不在，无所不在。毫不为过地说，圆是一切事物的本质，无论是看得见还是看不见的都是如此。大到天体，小到微生物，其核心组成的分子、原子、质子等都是圆的。在佛教中也将最高的修行成就称为"圆满"，将僧人去世称为"圆寂"。因此，太极周身行气法是紧紧抓住了宇宙万物的核心本质而形成的。

在这部功法中，既有习练时处处都要呈现圆形之意，也包含了每一个功架在螺旋、缠绕、滚动、旋转、圆活这些方面的千变万化。也就是说，在习练的过程中，将14个功架动作作为内气以不同气脉为载体的前提下，通过不同功架动作的立体画圆运动，即以螺旋、缠绕、滚动、旋转、圆活的运动轨迹，将内气最充分地作用到人体的周身、整体。

这部功法从始至终不仅要在功架动作的运行轨迹上体现出这些圆形的变化，还要在肢体、躯体上体现出弧形。不仅要在肢体、躯体上体现出弧形，还要在动作的完成、衔接转换上体现出圆活和圆润。因此，整个功法在平、纵、横三维运动上无论是给习练者还是观摩者，皆可呈现出浑然若球的观感。

二、柔和匀称，以气化力

本功法在整个练习过程中非常重视"用意不用力"这个要求，所以有"柔和匀称，以气化力"之说。柔和指的是运动的力度要适度，能柔和则不僵硬，周身的肌肉运动才能协调统一；匀称指的是运动速度要适中，能柔和匀称则可实现运动绵密，周身气血运行才能饱满曲蓄。

柔和匀称是在练习中整体动态的要求标准，是周身的关节、肌肉、骨骼的动态连接、动态连贯、动态连绵，而不是放松不用力，能做到这些，呈现出来的就是蠕动感和蠕动态。身体只有具备了这种蠕动的特点，才能真正做到体柔气和，才能将气血不间断地输送到周身的各个部位。

三、其根在脚，其行在膝

本功法非常重视下肢。虽然在14个功架动作中有11个是上肢和躯干的部分，但是在整个功法习练过程中时刻都在以"其根在脚"为前提，即每一个动作都会通过意与形的配合，先将人体的重心（气感）下放到脚底处的涌泉穴，然后从涌泉穴返回上行，在这种下降与上升的过程中，必须借助膝关节的屈和伸来完成。这一特点可以说是独门秘诀，更是练习本功法效果的重中之重。

为何这么说呢？本功法在膝的屈与伸的过程中，要求必须做到速度匀缓，力度柔和。只有速度匀缓才能保证行气均匀、无微不至，内外转换绵绵不绝、相连不断；而力度柔和则可避免肌肉紧张，也有助于更好地做到速度匀缓。

现代医学赋予了小腿到脚"人体第二心脏"的概念。这是因为人体约有70%的血液会集中在下半身，由于地心引力的关系，人体下半身血液回流到心脏的过程相对较慢，如果要使血液从人体下肢末端更为快速地回流到心脏，就得从小腿到脚进行主动运动。所以本功法的这一特点对周身的气血循环有着极为明显的功效，正符合了太极拳"气宜鼓荡"的要求。通过习练本功法，能让常年练拳却没有气血鼓荡感的人快速形成气感、热感，手脚冰凉、气血两亏的人可因此快速改善身体的不适状态。

四、以身带手，动静划一

本功法非常重视"一动无有不动，一静无有不静。"练太极拳素有"太极无手""手不能主动，动手即非太极拳"之说。但在太极拳的习练中，"不动手"是一件理解容易、做起来较难的事情。这是因为手的主动运动是人们形成的习惯，神经和肌肉的记忆也会促使手的主动运动，当然，也与习练时不知道手不主动的诀窍有关。

手不主动的诀窍就是"以身带手"，手随着身体的动而动，只有这样，才能达到本功法所要求的"一动无有不动，一静无有不静"的练习标准。这种运动的特征就像身体和影子的关系一样：身体动了，影子自然就跟着动了；影子动，必然是基于身体的动。

在本功法中，因为两脚是站立于原地不动的，所以大大地弱化了手的动，强化了以身动带手动的难度。这样就逐渐养成手不再主动运动,而是随着身体的运动来运动的习惯。这种以身带手的身是身体和腿合在一起的简称。正如太极拳谱里所讲:"劲起于脚,发之于腿,主宰于腰,形于手指。"太极周身行气法的这一运动特点,是严格按照太极拳谱中所要求的运动原理来完成的。

第三节 功理要旨

一、机在于动,动在于衡

"以形导气,以气催形",这是道家动功功法的显著特点,也是与静功功法最大的区别之处。正所谓"动练气,静养神",本功法就是通过借助外动来快速刺激内气的运行。所以,动是本功法能够产生很多不可思议的效果的关键所在。

在《吕氏春秋·尽数》中,对于动的重要性也有"流水不腐,户枢不蠹,动也"这样的结论。因此,气血流动得越好,人的身体就越健康,内劲也就越充足。所以,动的好处无可厚非,是有它的事实性和科学性的。

需要特别说明的是,本功法的动对平衡是有特别要求的。因为外部的动对内里的气血肯定会形成一定的影响,那么在练习时,功架动得越平衡,则内部气血运行越平衡,反之气血就有失衡的可能。所以,在习练的时候一定要重视功架的动态平衡。

二、重在松柔,贵在行气

练习本功法,切不可将其当成抻筋拔骨来做。若以抻拔筋骨为侧重点，就难免造成身体紧张，身体若紧则气滞，就会影响血液在体内的流速。中医理论有气属阳、血属阴之说。这里所说的阳用现代话解释就是动力，而阴则是营养的意思。体内只有气量足够且流动性极好，才能推动血液更好地循环输布。故中医有"气为血之帅"一说。

本功法以练气、行气为侧重点。若想达到练气、行气的最佳效果，就必须在习练本功法14个功架时经常保持松柔，在这样的前提下，筋骨随着动作而产生的自然抻拔是可以的，只要不破坏松柔的体感即可。

三、手眼相随，内外相合

古人说："运行根于一心，而精神看于眼目，眼目为传心之官。"在练习本功法时，虽然要时常留意"命门外突"，保持"命门外突"，但也要求凡是涉及手起手落的部分，均须用眼神的余光加以照顾，否则手与命门就无法形成感应，内外就无法合为一体。

这其中的道理就在于"心为神之舍，眼为心之苗"。功法练习的核心要求确实是心系于命门，可在14个功架的动静开合中，又不能不顾及外部的动作和内里的相吸相系，为了达到这种内感外应、外感内应的效果，就得在练习中通过眼神的余光对身体加以照顾，只有这样，内气的循环才会随之产生相应的作用。

功法的特点是神意（调心）、呼吸（调息）、穴位、功架（调身）四位一体，是看不见和看得见的内外相合。这种手眼相随、内外相合是通过一边意念于命门，一边意念于上下肢的运动来做到的。本门祖师李瑞东在"秘谱"中对此有言："内要留意，外要用意。"二者在习练中欲做到相连不断的关键点就在于眼神的余光。如果习练时不是用眼神的余光照顾两手，而是直视正看，那么心意就会与命门分离，内外也就没法相合了。

四、命门外突，通脑贯肾

本功法对腰脊非常重视。习练始终，都要在外形上做到头顶青天，脚踩大地，腰脊中正；在内里则要求内气上达夹脊，下至涌泉，中和丹田，而内气能否很好地做到上达下至是与中间的腰脊息息相关的。所以在习练时必须做到腰部的"命门外突"和脊柱的立身中正，只有这样才能达到培补肾气、贯通脊髓、还精补脑的目的。

"命门外突"的合理性是以古代功法经典为依据的。例如在《十三势行功歌》当中说"命意源头在腰隙"，说的就是命门穴要做到外突。命门穴虽然看不见、摸不着，但在《针灸甲乙经》中对其位置这样说道："属督脉。别称属累。位于第二、三腰椎棘突间。"所以习练本功法的时候，只要能在第二、三腰椎处形成向后的"突出"就是做到"命门外突"了，进而就可达到腰背部区域"气促血行""气通督脉"的目的。

在太极拳习练中有"气贴脊背"的要领要求，如果做不到"命门外突"，则无从谈及"气贴脊背"。因此，本功法既有其独立的习练功效，又与太极拳有着密切的关联。

此外，腰（命门）处于人体的最中间处，它既是身体起伏、屈伸、转动的必经之处，又是动作衔接转换、相互协调的中心。本功法的所有动作功架都是按照圆形轨迹来完成的，只要是圆就必然有圆心，这个圆心就是命门。因此在本功法练习时要时刻将心神集中于腰间，无论动作如何，都要保持住腰间的"命门外突"。

"命门外突"要建立在立身中正的基础上。如果立身不中正，命门穴处就会呈现内凹，无法达到本功法的练习效果。这里所说的立身中正，与我们平时所理解的身体正直是不一样的。它是在头部自然端正的基础上，通过含胸拔背、松腰落胯来实现的，这实际上也是对人体的四个生理弯曲——颈曲、胸曲、腰曲、骶尾曲的对应作用。这种作用可有效地在张弛有度、松紧适中、动静相宜的运动中恢复或增加脊柱的生理弯曲的弹性，也有助于任脉之气的下行和督脉之气的上升，对身体具有双重甚至多重功效。

脊椎是人体的重要核心组成之一。脊椎内有骨髓，骨髓上通脑、下贯肾，两侧分布着很多神经根，与人体的运动效率关系紧密。如果立身中正离开了脊椎四个椎节变化下的要领原则，本功法的练习效果也就几乎没有了，所以一定要高度重视。

五、气沉丹田，呼吸潜施

练习本功法从始至终都要做到气沉丹田。若不能做到气沉丹田，练习的效果则微乎其微。做到气沉丹田可以让宗气更好地上下顺通。宗气平时聚于胸中，以肺从自然界吸入的清气和脾胃从饮食物中运化而生成的水谷精气为主要组成部分，相互结合而成。宗气的上下顺通对于减缓和预防心肺疾病有着重要的作用，同时对推动"阴脉之海"的任脉气降有着不可替代的促进作用。

任脉属于人体的奇经八脉之一，在人体胸前正中的一整条竖线上。它是人体手三阴和足三阴六条经脉的阴气汇集之所，对调节人体的阴虚有着非常重要的作用。我们的健康问题几乎不是阴虚就是阳虚导致的，所以在练功中要依靠气沉丹田来促进任脉之气的上下顺通。

要做到气沉丹田，就必须打开胸部的膻中穴，在练功的过程中，必须始终保持含胸。含胸沉气正确与否的检验标准就是胸腔是否感觉空旷轻松，腹部是否饱满沉实，也就是老子《道德经》中所说的"虚其心，实其腹"。

能做到气沉丹田就可形成腹式呼吸。腹式呼吸分为顺腹式呼吸和逆腹式呼吸。本功法属于逆腹式呼吸。逆腹式呼吸是练内气的，即气在腹中而不随口鼻出入。顺腹式呼吸是练外气的，即气随着呼吸往来于腹部与口鼻之间。顺腹式呼吸无法保持恒定的气沉丹田的状态，丹田会因为气的外出而变成虚瘪，这样就会影响保持任脉气降的功效，也就影响了阴虚问题的改善解决。

逆腹式呼吸就没有这方面的问题，它是太极内功练法中最佳的腹式呼吸方法。因为功法力求以最小的消耗来实现最大的功效，故这种呼吸不可刻意，一刻意则会呼吸明显，消耗变大，得不偿失。这种呼吸潜施的效果只要能保持含胸沉气和动作柔和匀缓，就可自然而然地达到。

第四节　习练效果

一、调动气血运行

人体的气血运行是生命体征得以保证的重要条件之一。气血运行得好，人就健康。人的健康若出了问题，气血必然运行得异常。这更多地体现在气的异常上面，因为"气为血之帅"。气的动力出现了问题,血液的循环也会跟着出现问题。所以,中医大家诊脉时会通过桡动脉来对我们看不到的那个内气的状态进行判断,而不是针对血液,可见内气的重要性。因此,我们要在练功中紧紧抓住这个关键下一番功夫。

我们已经清楚了,身体的运动之所以能够促进血液的循环,与内气的调动是息息相关的。可是为什么很多人即使做了一些运动也没有这种气血循环的效果呢?就是因为没有在运动中调动内气所致。需要说明的是,并不是运动锻炼就可调动内气。正如前文所说的,如果不含胸沉气,那么宗气的上下顺通就不能很好地实现,心肺的机能就不能很好地发挥。

在本功法练习中,动作的柔和匀缓让身体既能运动,也能放松。松则有利于气通,动则有助于气行。如果只动而不松,则气在通畅性条件不充足的时候,即使运动也无法运行鼓荡。在练习中还要做到心神安静专注,能够通过感觉神经对身体松与动的状态进行更为清晰的感知,并通过运动神经对松与动的状态进行调整掌控,这样就可以把内气调动起来,气动就能促进血动,气血皆动则对身体各系统的正常运行所需条件给予足够的支持。因此,本功法虽名为"行气法",实际对气与血具有共同运行之效。

二、增进体质健康

这里所说的体质健康是针对免疫力而言的。人人都有免疫力,可是免疫力有强弱之不同。究其原因,是免疫系统存在的不足造成的。

免疫系统是由免疫器官——脾、淋巴、扁桃体、骨髓、胸腺和免疫细胞、免疫活性物质组成的。虽然发挥免疫功效的是免疫细胞和免疫活性物质，但是它们的产生和工作都是由免疫器官来组织的。因此，对免疫器官施加作用是解决免疫力问题的一种重要方式。

本功法在练习中恰恰对这些免疫器官施加直接作用。西医研究发现，胸腺的重要功能之一就是在免疫调节活性上具有双向调节的作用，它能使过强或受到抑制的免疫反应趋于正常，同时对免疫功能低下具有很好的调节作用。在功法练习中，通过对膻中穴的宗气进行调整所能达到的效果，恰恰与免疫器官的这个性质是相符的。

咽喉部位的扁桃体和周围淋巴结可产生淋巴细胞和抗体，具有极强的免疫功能，在习练时通过舌抵上腭这一方法即能起到加强其功能的作用。舌抵上腭怎么做呢？只要发"尔"的音，舌头就会自然上卷抵于上牙膛处，此时就能明显地感觉到咽喉部跟着收窄了一下，但是很舒服。这个方法对咽喉炎、扁桃体炎、甲状腺结节都有好处。

脾脏是人体最大的周围淋巴器官，是淋巴细胞迁移和接受抗原刺激后发生免疫应答、产生免疫效应分子的重要场所。我们在练习时躯干围绕腰部带脉的左右旋转以及逆腹式呼吸，都对脾脏的功能具有直接强化作用。

骨髓中的髓是一种极精微的营养物质，由脾胃化生的水谷精微与肾中所藏的精气化合而成。髓藏骨中，髓可生血，血亦生髓。肾中精气的盛衰与髓的盈亏有密切的关系。我们在功法练习中时刻遵循"命门外突"原则，以气至涌泉为目的，以逆腹式呼吸为方法，这都对肾中藏储的精气和脾胃运化的水谷之气具有强化作用，自然也就对合成骨髓具有极强的作用。

免疫器官淋巴结遍布全身。当我们能做到"周身行气，气促血行"时,当然也就能加强淋巴结的功效。以上这些都保证了通过本功法的习练能对体质健康、免疫力增强起到增进的功效。

三、强化脏腑功能

练习本功法之所以能强化脏腑功能是有其科学道理的。人体的五脏六腑与十二正经关联密切,脏腑功能的正常运行所需要的营养与动力都是由十二正经提供的,只要能够让十二正经进行有序的工作,就可对脏腑产生强化的功效。这也是很多人习练本功法后,在脏腑方面涉及的诸多问题都得到了显著改善的原因所在。

在习练中,两手的拇指和食指要经常保持明显的挑领,其余手指会随着不同的运动轨迹相应地来回运动;足部的各个脚趾也随着膝关节的屈伸和身体重心的前后移动而不断来回收放运动,加之胸前任脉的气降和背后督脉的气升,都让人体十二正经的经气得到了最大的激发。它们在这种同步、同时的运行作用下,正符合《灵枢·营卫生会》中所说的"阴阳相贯,如环无端"的经络特点。经络的优化当然就是对脏腑功能的加强。

另外,在胸部、腰部、腹部按照练习要领所形成的各个点的变化也对脏腑有着直接作用。譬如胸部的内含形成的胸空气降,既降低了心肺的工作压力,又促进了心肺的气机畅通。内气下行后会随着14个不同功架动作的变化及逆腹式呼吸的潜施内用,对腰、腹部的脏腑产生类似按摩的功效。

四、防治慢性疾病

慢性疾病是指不构成传染,具有长期积累形成疾病形态损害的疾病的总称。常见的慢性疾病主要有心脑血管疾病、癌症、糖尿病、慢性呼吸系统疾病等。本功法对这些慢性疾病的缓解减轻以及预防也有实质效果。

慢性病是因为长期积累形成的。这种长期积累不仅是时间的累积,更是人的各种不利于身体的行为的累积。在本功法练习中要按照要求去做,虽然与我们平时的行为完全不同,甚至相反,很多人刚学练的时候还不太习惯,但这正是解决以往积累的问题的关键所在。

老子在《道德经》中说:"反者,道之动。弱者,道之用。"我们的功法练习的很多要求之所以与平时的行为不一样,就是符合了"反者,道之动"。在练习时的精神内敛、心神专注、柔和匀缓,恰恰也是"弱者,道之用"中"弱"字的体现。它所说的弱指的是不强做、不强为,贵在于柔,够用就好。

这些都是道的本质规律,因此本功法合乎于道的准则。道就是平衡,失衡的肯定不是道。当人患上了慢性疾病,必然是身体机能失衡所导致的,我们只需要按照道的平衡法则去练习,就可以对内部的失衡起到优化的作用。

五、延缓机体衰老

衰老对每一个人来说都是不可避免的。从人的机体达到生长的巅峰那一刻起就注定了开始走向衰老,只是每个人的衰老程度和衰老体现各有不同罢了。所以,任何方式方法都做不到不让人衰老,可只要符合延缓衰老的原理,是能产生相应的功效的。

现代科学研究发现,人之所以会衰老,是当细胞更新速度小于细胞衰老速度时,因为产生更新不足,机体就会出现衰老。其表现为全身各系统功能下降，代谢缓慢，外观衰老状态出现。只要让机体细胞时刻处于新生细胞替代衰老细胞的过程，那么延缓机体衰老是完全能够做到的。

我们在练功时保持精神的内敛专注以及心情的愉悦，就可减少在情志方面的过多耗损，意识上释放出来的良性信息也会让机体处于好的内环境心理诱导状态，这样细胞的活性肯定要比情绪压抑时活跃得多。

在身体上，我们按照练法要求去用心地完成每一个要领，就能实现气循环促进血循环，血循环再促进水循环。这样既能给周身的系统更好地输送营养，提高性能，延缓它们对细胞的过分消耗，同时也通过水循环的代谢作用把体内多余的毒素、垃圾尽快、尽量地排出体外，留下细胞所需要的，排除细胞所不需要的，加强细胞的活力，这都是通过练习本功法能够延缓衰老的实质所在。

第五节　习练禁忌

1. 忌大温大寒。指室内或室外练功场地的温度不要过热或过冷。

2. 忌站、坐当风。指站、坐功的场合不可有风直吹，尤其要避免胸背前后吹风。古有"防风如防箭"之说。

3. 忌紧衣束带。指练功前要宽衣松带，便于气血运行。

4. 忌搔抓痒处。指练功中气脉流注时，身上若出现内动感，绝不可用手搔抓痒处，以免妨碍气脉周流与交汇。

5. 忌功后贪凉。指练功后不宜身着汗衣、冷水冲凉、吃冰冷食物、吹空调等。

6. 忌饥饱修持。指过饥过饱均不宜练功。

7. 忌天地灾怪。指不要在狂风暴雨、迅雷闪电、骤冷突热、浓雾弥漫等恶劣气候、环境中练功。

8. 忌情绪激动。指不要在大喜大悲后练功，以免气机紊乱，埋下隐患。

9. 忌久忍二便。指练功前要排清二便。练功期间如果有排二便的需要，则应停止练功，先排二便再继续练习。

10. 练习中不可过于用力和快速。运动幅度和强度的大小要以周身感觉舒服为准。运动量应由少到多，循序渐进。

11. 不加入诸如冥想、强行憋气等本功法中没有的练法要求。不要在功法习练中说话。要切忌相互攀比学练进度或强求与他人一样承受同一运动负荷进行练习。

12. 练习完毕大汗淋漓时，不可对着空调、风扇直吹，以免突然受凉导致其他疾病。练习完毕要视实际情况及时加减、更换衣物。

13. 要注意练习的灵活性，不必苛求一步就能练到位，做得完美。要善于分解技术、要领，采用单个部位或某几个部位先进行强化练习，再组合练习的学习方式。要高度重视重心在脚下前后移动的技术环节。

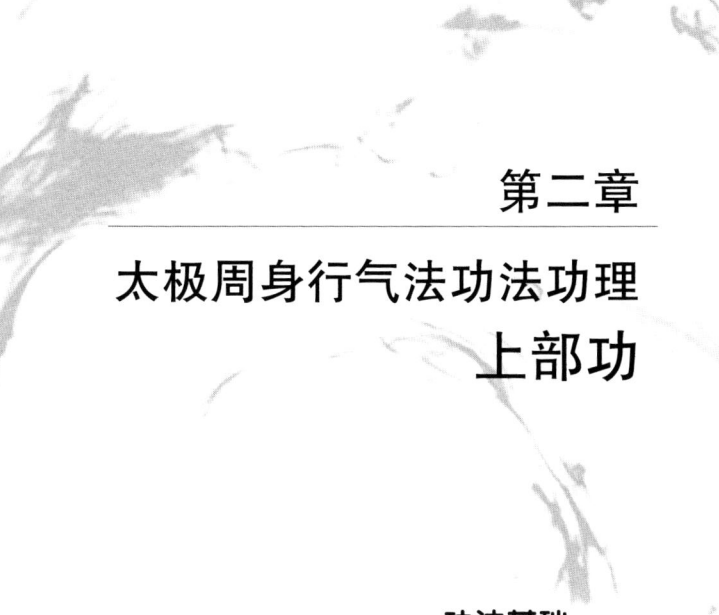

第二章
太极周身行气法功法功理
上部功

功法基础

功法操作

第一节　功法基础

功法基础是指习练太极周身行气法必须掌握的基本功、基本动作与基本技术。本节主要介绍太极周身行气法的手型、步型、身型、呼吸方法、意念方法五部分内容。

一、手型

（一）自然掌

五指自然伸直并自然分开，第一指节和第二指节要放松。手指与手背保持的角度以约180°为标准。指间见缝，掌心微含。（图1-1）

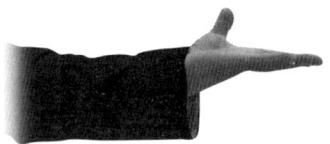

图1-1

（二）荷叶掌

两手拇指和食指自然挑领，第一指节和第二指节处要放松，手指与手背保持的角度约180°，其余三指在各自第一、二指节处自然弯曲，手指与手背角度要小于180°，五指之间见缝，掌心微含。（图1-2）

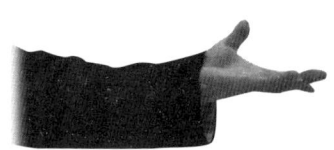

图1-2

二、步型

并步。两脚自然并拢，脚尖朝正前，也可略外摆，身体直立；两臂垂于体侧，头正项直；目视正前方。（图1-3）

图1-3

三、身型

（一）虚领顶劲

头是六阳之首，统领一身的精神与筋骨的状态。因此，习练时要保持头部的顶领意识。

（二）含胸拔背

含胸有助于任脉气降至于脚，拔背有助于督脉气升于头。但胸背变化要保持适度。

（三）松肩坠肘

肩是上肢的根节。根松则肢活，反之则僵硬。肘坠指的是不可将肘尖上翻超过上肢的水平面。做到这些有助于周身行气的顺遂。

（四）松腰收胯

松腰指的就是松命门穴。命门穴是"元气之根本，生命之门户"。收胯是对挺胯现象的纠正，不收胯则任脉之气就无法充分下行至脚底涌泉穴。

（五）两脚平踏

全脚掌着地，身体重心整体落于脚掌的涌泉穴区域附近，而不能落到后脚跟，这样才能便于气的上下贯通。

以上身体各部位要求是相互关联、相互影响的，是整体性的相互配合、相互变化。初学时确实不易完整掌握，但只要经过反复细心体验和用心揣摩，是能够达到这些身型要求标准的。

四、呼吸方法

（一）自然呼吸

口轻闭，呼吸经由鼻子出入，其间不加意念支配，顺其自然。

（二）腹式呼吸

在自然呼吸的基础上，通过改变胸横膈膜肌的做功状态来完成的呼吸。腹式呼吸分为顺腹式呼吸和逆腹式呼吸两种。其中，逆腹式呼吸是指腹部内收时顺势自然吸气，腹部外鼓时自然呼气。本功法以逆腹式呼吸为主。通过逆腹式呼吸的方法，可有助于促进经气的升降顺畅，进而更好地扩张练习区域的血管和增强血液循环。

（三）停闭呼吸

在腹式呼吸的基础上，呼、吸之间或之后停止片刻再呼或再吸的方法。一次停闭呼吸一般不宜超过2秒钟。

五、意念方法

（一）意念动作说明

每一个动作都要始终通过意念与身体的运动过程保持紧密参与，形和意的配合在练习过程中不能有片刻分离。

（二）意念身体部位

意念身体的不同部位随着每一个动作产生相应的变化。例如，弯腰动作时，意念腰椎二、三椎节处的命门穴向外适当突出，并在转动的时候始终意念以命门穴为圆心；屈膝时，意念膝关节侧外方犊鼻穴适当放松。

（三）意念导引形体法

5°屈伸法。身体保持自然直立，通过意念带动膝关节从180°向175°柔和匀缓地弯曲，以及借助地面的反作用力，膝关节再从175°向180°柔和匀缓地伸直运动。在本功法中凡提及膝的屈伸，都要求是这样柔和匀缓的运动特点。周身的气血则可顺着这样的运动过程进行自然的上下升降。

1° 蠕动法。当直膝接近约180°时，为了继续协调手臂的运动，符合上下相随、一动无有不动的要领要求，意念膝关节在180°和179°之间进行不断的上下微动，进而带动周身关节肌肉也跟着协调蠕动。

5° 屈伸法和1° 蠕动法对体内的气机能够上下顺畅地循环运行有着至关重要的作用。它能够有效地实现气促血行，进而达到扩张血管和加强血液循环的效果。所以，在练习时要重点掌握这一技术细节。建议通过单独的反复练习使自己更好地掌握。

（四）意念导引循经法

在上部功的基础上，下部功的练习需要用意念结合人体的经络穴位，在不同的动作当中循经行气。是这部功法从外到内、从粗到细的升华练法。

最后，需要提醒习练者注意，凡是有意念参与作用的过程，意念不可过重，以用意适度为准。上部功法更侧重于意念与形体运动的协调配合，在此基础上人体本有之气会自然与之相应运行，而不是用意念想象、控制内气。下部功法则是侧重意念与经络、穴位的合一内运。因此，在不同阶段要分清上部功以意念为主、形动为辅，下部功以意念为主、经络为辅的主次关系的根本原则。在上部功中，形和意协调配合的质量越好，则气血运行产生作用的效果就越好。在下部功中，气和意配合的质量越好，则气血运行产生作用的效果也就越好。

第二节 功法操作

本节从动作说明、呼吸方法、意念活动、技术要点等方面，依次进行阐述。

预备势

一、动作说明

以面向南方为宜；两脚自然并拢；两手自然垂于身体两侧；眼平头正，目视正前方；心气平和，面带微笑。（图2-1）

二、呼吸方法

自然呼吸。

图2-1

三、意念活动

1. 意念调整胸部膻中穴略内含并向下。
2. 意念两胯胯根轻微内收，臀部放松。
3. 意念周身肌肉、关节都放松。

四、技术要点

1. 预备势时的两脚并拢不能是刻意并拢。记住，我们在练习的时候既要并拢，又要做到自然。如果因为并拢而致使紧张，那么就会影响练功的质量。"自然"是什么意思呢？我所说的自然就是不刻意、不勉强、不僵硬。这种并拢以整体的安舒感不受影响为前提。如何做到安舒呢？以我们两条大腿之间相接触时无挤压感、压迫感作为衡量标准。

2. 预备势时只要眼平就自能保持头正。为什么头要正？头为一身六阳之首，头如果不正，就没有领劲，身体就懈，人就没有精神，正所谓"精神能提得起，则无迟重之虞"。不注意眼平头正就会导致身心萎靡不振，后续整个功架就无法做到领气上行。

3. 预备势时要心情愉悦。可以想一些非常开心的事情，当然，不能是钱财物质方面的那种精神喜悦感，因为那种喜悦感会让自己的心神涣散，影响预备势乃至后续功架神形合一的质量。练功的内心状态应该是既活泼又内敛的。

4. 以上三点注意事项要符合用意不用力的要领要求。用意不用力就是指调节身体的时候有那个意思就够了，而不需要用力气、有力气。稍微有那么个意思时，它自己产生的力称为自然力，这样力是可以有的。否则，我们稍一用力就会出现僵滞感，僵滞就会使气血的畅通和感觉的灵敏受到影响，就无法达到原本通过练习这部功法所能达到的效果。后续的所有功架也都要有这样的理念贯穿其中。

【要旨阐释】

预备式姿势自然站立，没有任何动作；意识清静恬淡，没有其他思绪；气息匀缓悠长，没有起伏促急，与中国古代哲学当中的无极法象颇为接近，故又称"无极势"。

"无极生太极"，在中国诸多古典论述中都有这么一说。如果说无极是无，是事物还没有出现之前的无征兆状态，那么太极就是有，是事物从无到有的有征兆状态。本功法既然名为太极周身行气法，当然要重视这个预备势，否则习练之理法就等同于无根之木，无源之水。所以，练这部太极周身行气法伊始，要对预备势高度重视。

本门无极歌曰："混元一气在吾先，始在阴阳未判前。须向规中寻大道，洞明此理入玄关。"这句歌诀的关键就是"须向规中寻大道"，只有如此，才能在没有动作的预备站立当中进入一种恍恍惚惚的练功态、混元态。具体做法如下。

按照预备势的动作说明调整好姿态之后，心中要反复轻柔地默念"心境平和，万念放下"这八个字，同时，要随着默念口诀来调整内心状态以使内心趋于平静。当心中有一种如释重负的感觉、两眼有自然闭上想法的时候就顺势闭眼，之后有意识地放松自己的两肩、胸背、肘腕手、腰胯足。放松的意识要轻柔匀缓，结合着身体感受来进行。

譬如意念肩放松。须在肩部的骨肉有了松开下坠的感觉之后再去意念胸背的骨肉放松。余者类同。在从上松到下的过程中，各处骨肉关节都要能感觉到有轻微的变化，只有这样，周身之气才能随之在体内悄然下行并沉入腹部，使得腹部有一种饱满充实之感，此谓"气沉丹田"。

当丹田中有了这种感觉之时，应以神意默默地观照它，感受它，直至心神沉浸于其中，此谓"神气相抱"。这些练法可将己之驳杂之气和纷乱之意收归于下丹田这个"规中"，是谓养心、养神、养气、养血。此即为无极态是也。

待养至某一瞬间缘起俱足之时，丹田中越发饱满的气意便会自动地往周身四处散发，此即为"无极生太极"，那么便可顺势习练本功法的第一式：初开势。

第一式　初开势

歌诀

两臂上捧似兜泥，
轻柔匀缓慢慢移。
松肩起落自圆活，
气沉丹田莫上提。

一、动作说明

动作一：接上式。两腿屈膝，身体重心顺势下降；两手臂同步自然前伸，掌心相对；目视前斜下方，两眼余光照顾两掌。（图2-2）

图2-2

图2-3

动作二：上动不停。两腿直膝；两手自然直臂运动至与胸平齐，掌心朝上，指尖朝前；目视前方，两眼余光照顾两掌。（图2-3）

动作三：上动不停。手臂继续向头部上方运动，逐渐变两手掌心朝前，指尖朝上，置于头部两侧；两眼余光照顾两掌。（图2-4）

动作四：上动不停。两腿屈膝；两手臂顺势向胸前下落，与胸部高度齐平时，掌心朝上，指尖朝前；两眼余光照顾两手掌。（图2-5）

图2-4　　　　图2-5

动作五：上动不停。两腿直膝；两手臂顺势下落至腹前，掌心朝上；两眼余光照顾两手掌。（图2-6）

动作六：上动不停。逐渐翻转掌心朝内，最终置于身体的两侧；目视正前方，还原成预备势。（图2-7）

图2-6　　　　图2-7

二、呼吸方法

动作一呼气鼓腹，动作二吸气收腹，动作二、动作三之间有一个停闭呼吸，然后吸气，动作四呼气鼓腹，动作五、动作六吸气收腹。

三、意念活动

1. 动作一至动作三意念两手掌心捧着一个大气球。
2. 动作四至动作六意念两手将气球缓缓地放回丹田。

四、技术要点

在整个功架的学练过程中，手臂要呈现出缠绕、螺旋、滚转的状态特点。从预备势开始，两个手臂的运动要结合一动无有不动、一转无有不转的原理，一个圆接着一个圆不间断地动起来，这是练习时总的纲领。为了把动作做得柔和匀称、连绵不断、行云流水，必须在运动过程中用圈和环的转动方式进行衔接，而不能是直线性的衔接。本功法练习过程中没有任何直线运动。

在整个运动过程中，手是始终变化着的，这好比地球绕着太阳公转的同时也在自转一样。手臂在围绕着身体做"公转"的同时，其自身也在运动（"自转"）。练习只有在这样的螺旋形态下，内气才能极好地贯通。动，就是活的体现。我们一定要牢记"练活不练死，练柔不练僵"这个纲领。

练习的时候不仅要上肢始终在动，下肢的动也是一样，这主要体现在腰、胯、膝、踝、足这五个点上。例如，膝关节在上下屈伸时，还要结合身体重心在前后不断移动才行。想要做到前后动，关键是依靠脚趾和脚踝的放松，如果脚趾和脚踝紧紧地不动,那么练习时就不会出现前后移动。

前后的动不是人为主动造成的,如果人为造成的就是错的。它是一个客观的、被动的,通过放松而自然形成的动的结果。与地心引力和自身重力息息相关。我们需要做的就是在动态当中进行一个平衡,例如,当重心往后移动到了脚踝处,我们就放松脚踝让它轻轻地向前;如果重心往前了,我们再放松脚趾让它轻轻向后。在这样的松紧当中进行平衡的调整,这才是对的。

再如,屈膝时不仅重心要向前脚掌移动,还要做到松腰、落胯,并同步向上逐渐运动两手。落手直膝时不仅重心要向后脚跟移动,还要做到送腰、送胯,并同步向下逐渐将两手落于身体两侧。周身上下必须做到一静无有不静,一停无有不停,养成上下协调的好习惯,为平时或以后练拳时能够做到上下相随做铺垫。

在手臂向上运动的过程中人体容易重心上移,要始终注意保持重心的下移。手越往上举,丹田应该越往下沉,不能手一往上就把重心带起来,重心一被带起来,人就没有根基了,气也就随之上浮了。

通过不间断的练习,"初开势"能把我们的内气明显地调动起来。气,人人都有,可很多人感受不到,也不会用这个气。我们学习太极周身行气法,就是为了能感受到这个气并运用。怎么做呢?要把功架的运行做到位,让它上下协调。因为这部功法属于动功,就要结合这种动来让内里形成变化,产生感受。

这种动是有规矩的,其内在的变化必须也只能通过这种规矩的动才能实现,这就叫作以外带内,外在培养内在。我们每天的作息,如果作息时间安排合理,人体的内部状况就会很理想;如果作息时间非常不合理,整天的姿势是别扭的,时间长了,我们身体结构就会产生病变、异变。如果我们想通过练习这部功法让内在有变化，那么外在动作就必须按照规矩去做。外在的动作变化越合理，内在变化的效果就越明显，内在的气必须通过外在合理的动才能激发。这是我们这部道家功法的一大特征。

【要旨阐释】

"初开势"又名"天地初开势"。此势取法理于宋朝周敦颐的《太极图说》中："太极动而生阳，动极而静，静而生阴，静极复动。一动一静，互为其根。分阴分阳，两仪立焉。"

两仪者，即天地是也。初开势是由无极势静到极致而引发的悠然一动，有了这悠然一动，才有了开天辟地，太极运转。

而在本势的习练过程中，此前由丹田向周身氤氲的丹田气要一直保持着弥漫感，简言之就是要让这种气感保持在本势功架运动的始终，如此才符合太极周身行气法之"行气"二字的根本含义。达到此种程度才能感受到人在气中、气在人中、人与气一体、气与人合一的妙趣。而要想达到此等意境功态，要做到心静、体松、动缓、柔圆。

心静是指心绪平静，不思外物。只有做到了外不受物扰，内不起它念，才能安静地专注于对内气的感受。心静不仅能提升自己对气感极高的觉察力，还能伴随着觉察气感的强弱、顺畅与否及时掌控调整。

古人说："意到则气到。"意谓我们的意识到了哪里，气也就会随之到哪里。当然，很多人在尝试时感受并不明显，原因就在于其意念力不足，而意念力的强弱是与心静的程度密不可分的。

很多人也会在练功时提醒自己的心要静，其他什么都不要想，可是效果并不好。究其因由就在于内里没有气意氤氲的感受，致使心意没有专注的着力点以保持安静、集中。所以，气感的有无对练功的质量很关键。而气感的有无和身体的放松程度又有密切的关系。

本门功法谱文中说:"松则气通,紧则气滞。"练本功必须要做到身体的放松,如此才能让体内之气的通畅性得以优化。这个时候的体感就会让我们的意念有了专注力集中的目标,进而又会在专注当中去根据气的强弱、顺畅与否随时进行相应的调节。

又因为人体的内气受肌肉骨骼等有形组织的阻碍,所以习练的时候一定要控制速度的匀缓,只有这样,内气才能做到时刻与身动相合相契,即动作到哪里,气感就跟着到哪里。而在动作变转的时候还要注意柔圆的处理,这样就能保持行气的相连不断了。

第二式　摆尾势

歌诀

松腰俯身体平屈,
意在指梢莫分神。
如龙摆尾匀缓转,
须以命门做圆心。

一、动作说明

动作一:接上式。两腿屈膝,身体重心顺势下降;两手臂同步自然前伸,掌心成相对状;目视前斜下方,两眼余光照顾两掌。(图2-8)

图2-8

动作二：上动不停。两腿直膝；两手自然直臂运动至与胸平齐，掌心朝上，指尖朝前；目视前方，两眼余光照顾两掌。（图2-9）

动作三：上动不停。手臂继续向头部上方运动，逐渐变两手掌心朝前，指尖朝上，置于头部两侧；两眼余光照顾两掌。（图2-10）

图2-9 　　　　图2-10

动作四：上动不停。在原地轻轻放松腰椎二、三椎节处的命门穴；保持命门穴的放松感觉，向前缓慢俯身，两膝保持自然伸直，逐渐与地面平行或接近平行；两手保持食指的挑领，两臂保持在头部两侧的原有位置；目视前下方。（图2-11、图2-12）

图2-11 　　　　图2-12

动作五：上动不停。向左柔和匀缓地转动，头、手转到左侧直角方向为止；左腿自然直膝，右膝自然弯曲；目视左侧下方地面，精神意念照顾两手食指。（图2-13、图2-14）

图2-13 　　　　　　　　图2-14

动作六：上动不停。轻柔地放松左膝使之弯曲，向右柔和匀缓地转动，头、手经正面转动到右侧直角方向为止；左腿保持自然弯曲，右腿逐渐自然伸直；目视右侧下方地面，精神意念照顾两手食指。（图2-15～图2-17）

图2-15

图2-17 　　　　　　　　图2-16

图2-18　图2-19

动作七：上动不停。轻柔地放松右膝使之弯曲，向左柔和匀缓地转动；转动到身体的左侧正前方后再轻柔地屈膝前顶，尾椎顺势同步内收，然后依次收腹、收胸、抬头；顺势直膝起身，两手上举成直立姿势；目视前方，精神意念照顾两手食指。（图2-18～图2-21）

图2-21　图2-20

二、呼吸方法

动作一呼气，动作二吸气，动作二、动作三之间有一个停闭呼吸，然后吸气，动作四至动作七自然呼吸。

三、意念活动

1. 初期意念动作规格、动作路线。

2. 练功逐渐熟练、深入之后，动作一至动作三意念两手捧着一个大气球。动作四意念两肩、两胯、两膝同时轻柔地放松，并意念命门穴处向外突出；动作五、动作六屈体及转动时意念手指和命门穴保持关联；动作七意念顺着尾椎、腰椎、胸椎、颈椎的变化依次均匀地运动上行，食指和命门穴保持关联。

四、技术要点

1. 做动作一时要先屈膝、松腰、含胸、沉气后再顺势在体前运动两臂。

2. 动作一至动作二的过程中，两肘不许夹肋，要放松两肘自然外展。

3. 动作二至动作三的转换过程中，要有一个背部略后靠的动作。

4. 动作四至动作六以命门穴处的椎节外突为圆心，以命门穴到食指处为半径做躯干的画圆转动。转动过程中，头颈要保持自然放松，两眼自然注视地面。转到90°角时，两胯要随之侧斜，重心偏重于对侧腿。

5. 动作七腹部的内收不要刻意勉强，要通过屈膝前顶来带动尾椎内收，头、颈在向上运动至胸椎前要保持自然松垂，胸椎运动完毕后再轻柔抬起，不可提前抬头。脊椎椎节要保持节节传递，不可直接起身。

6.整个过程的速度始终要均匀，力度始终要轻，两臂置于头的两侧，身体重心不许上提，始终保持含胸气沉。

【要旨阐释】

《十三势行功歌诀》开篇中说："十三总势莫轻视，命意源头在腰隙。"本势虽名为摆尾势，但习练的关键点之一却在松腰隙。

腰隙指的是哪里呢？就是肚脐正对着的身后的那个点。按现代解剖学而言，就是腰椎的二、三椎节的缝隙处，也就是中医所说的命门穴。

中医称命门穴的属性为"相火"，而肾气在五行中属水。水若无火之熏蒸就会寒凉。故通过本势"命意源头在腰隙"的练法可对缓解腰酸腰痛、肾虚肾亏、腰椎间盘突出、腰肌劳损等都有极大的效果。

腰隙只要用意给它松了，那么命门自然就开了。命门一开，丹田自然就跟着变化。正所谓："腰为第一主宰，丹田为第一宾辅。"主宰者犹如君主，宾辅者好比臣子。君主动则臣亦动，这种纲常之理也是完全适用于练功的。

丹田这里也称作气海。有纳气、藏气，似大海一般的存储功能，周身之气汇集在这里得以滋养，也从这里流向周身进行灌输。练功的过程就是"拿住丹田练内功"的过程，而要想练到丹田气，就必须做好松腰功。

松腰隙除了需要意念力的作用，还须结合含胸、收胯、屈膝来完成，否则就会心有余而松不足。如果不注意这些事项，就很容易在屈体的时候直接以胯为轴来做动作，这样肯定无法做到松腰隙，腰隙不松则丹田也就练不到了，内里的气功也就没有了。所以，屈体时意念要结合轻轻含胸、轻轻收胯、轻轻屈膝来松腰隙。这个时候，气血就会随着意念力的放松作用而大量汇集于其中了。

屈体后左右转动呈现出来的是圆形。只要是圆就必有圆心，这个圆心在本势当中就是腰隙。围绕着腰隙所进行的转动一定要速度匀缓，这样才能让气行于其间连绵不断，充分彻底。总之，生发气感、气感常存是本功法的练习要素掌握与否、见效如何的重要衡量标准。

另外，在躯干转向左右任何一侧达到极致的时候，身体的筋骨会随之产生自然的抻拔用力，这样就会造成腰隙趋紧，此时只要马上放松同侧的膝关节，即可顺势放松腰隙。转到另一侧遇到同样情况时仍是同样的技术处理。在侧面极致拉抻的一瞬间，实际上也对足三阳经的经气进行了有效刺激。所以，不能因为本功法不提倡抻筋拔骨而不敢在本势当中进行充分的转动。习练本功法的任何一势只要不是人为刻意的拉抻，且能对激发经脉当中的经气产生功效就都是允许的。

归根结底，本功法虽然始终不是以抻筋拔骨为练习的重点，但是筋骨在练习的过程中会自然地得到抻拔，而这种不去刻意练却能练到的特点也是极为符合道家"无为而无不为"的旨趣的。功法以得气、行气为主，这就需要动作的松柔、运行的匀缓而不可，这是为何不能在练习时人为刻意地抻拔筋骨的道理所在，但也不意味着某些动作自然形成的抻筋拔骨是错的。

最后转动完毕起身的时候，一定要先松膝，顺着这一松带动尾椎向内回收，这叫作"尾闾内收缩阳关"；随即收腹鼓腰，这又叫作"命门外突肾气填"。内气由此经过腰椎五个椎节后进入胸椎阶段要加大胸腔的内含外扩，此时就会带动整个脊背骨肉的外扩，这叫作"气贴脊背欲上天"。而在此前躯干一系列的运动过程中，头颈部是一直放松低垂的姿态，直至胸椎运动完毕到颈椎做功阶段才抬头平视，此时两手要随之匀缓上举，用意引导内气到达手指梢处。整个过程尽显行气法的"以心控形，以形导气"的练法特点。

第三式　出水势

歌诀

俯身如前体再屈，
状若打躬似作揖。
蛰龙入水又出水，
舒经通络固腰脊。

一、动作说明

动作一：接上式。在原地轻轻放松腰椎二、三椎节处的命门穴，保持命门穴的放松感觉；向前缓慢俯身，两膝保持自然伸直；两手随着身体逐渐下落至两脚面，两膝保持自然弯曲；自然低头，精神意念照顾两手食指。（图2-22～图2-24）

图2-22

图2-23 　　图2-24

动作二：上动不停。轻柔地屈膝前顶，尾椎顺势同步内收，然后依次收腹、含胸、抬头；顺势直膝起身，两手上举成直立姿势；目视前方，精神意念照顾两手食指。（图2-25～图2-28）

图2-25

图2-26

图2-27

图2-28

二、呼吸方法

动作一呼气鼓腹后自然呼吸，动作二吸气收腹，经胸椎时闭停呼吸，然后继续吸气收腹。

三、意念活动

1. 初期意念动作规格、动作路线。
2. 练功逐渐熟练、深入之后，意念始终注意保持命门穴处的向外突出，以及意念食指和命门穴保持关联；动作二意念控制尾椎内收，腰椎外鼓，含胸扩背。

四、技术要点

1. 以命门穴处的椎节外突为圆心，以命门穴到食指处为半径做躯干的画圆转动。
2. 动作二必须通过屈膝前顶来带动尾椎内收。运动至颈椎部位之前的动作过程，头颈要始终保持自然低垂，不可提前抬头。脊椎椎节要保持节节传递。
3. 整个过程速度始终要匀，力度始终要轻，手眼相合。身体重心不许上提，始终保持含胸气沉。

【要旨阐释】

"出水势"全称"蛰龙出水势"。望文生义，练这个功架时重点就在"蛰"字上。"蛰"本意是指动物冬眠，藏起来。其形多为蜷缩身体，状若假死。这实际是为了最大程度地降低能量消耗，维持体内生机的本能做法。古代的练功者善于对天地万物"观形晓意，察情悟理"，在功法中对蛰伏涵养的奥妙多有发挥。

本势在练习时和摆尾势大体相同，即功架都是屈体弯腰的动作。所以在蛰伏的体现上仿生象形的痕迹比较明显，在意境上大家也要把自己想象成动物冬眠。通过实际的练习体会，这种意境结合躯干的匀缓变化和意念的轻匀操控，确实能够使练功的感觉、状态非同寻常。

上述指的是在仿生象形的练习中如何更好地贴合蛰伏之意，而从本功法行气的角度来说，无论本势还是摆尾势，都应结合它们特有的功架特点将内气往脊椎里运行才是。那么，需要具备的条件就是用意将气顺着每一个椎节的运动进行引导。因为在开始习练时，如果速度不能控制得匀缓，导致气量不足就难以奏效，所以弯腰、直体必须轻柔匀缓，小心翼翼，哪怕日久功深也不可加快速度，这是从蛰伏涵养益处多多的角度考虑的。

提到脊椎，我们在学习中尚需知道一点，即古人将脊椎比喻为龙。为什么会做这样的比喻呢？除了脊椎的24个椎节的体征使然，最主要的就在于脊椎里有重要的生命物质——脊髓。

脊髓，在中医而言是上通脑、下贯肾的精微物质。此物质是练功修行中的极高能量体。在古代道家丹道修炼功法当中有"还精补脑"之法，对头脑聪健、延缓衰老功效非常明显。实际上，这个"精"指的就是脊椎里的脊髓。

而在西医的临床解剖观察中发现，脊髓有31对脊神经。这些脊神经的神经根又与五脏六腑有着紧密的联系，对各个系统的机能运转影响很大，而系统机能又对人体健康非常重要。所以大家一定要重视出水势、摆尾势、抻腰势的习练，要按照松腰屈体、轻柔匀缓的练功要求，抓住脊柱这条大龙来进行练习。

出水势是体前深屈的功架动作。做深屈时尽量放松地向下弯腰，这样才能把脊椎最大程度地一节节拔开，使得内气充分贯穿来往于其间，作用于其内。

第四式　抻腰势

歌诀

直立侧身体下屈，
轻柔匀缓勿躁急。
左右抻腰慵懒状，
抻筋拔骨功神奇。

一、动作说明

动作一：接上式。两手食指保持挑领，两臂自然伸直；身体向左转动约90°；目视正前方。两臂自然弯曲，两腕放松下垂，两手十指朝下，下落至面部；两眼顺势下视。躯干顺势弯曲，两手掌心朝内，手指朝下，贴近左腿外侧，随着身体弯曲至最低处，两臂自然伸直，两手置于左脚掌外侧；两眼余光照顾两手掌。（图2-29～图2-32）

图2-29　　　　图2-30

图2-31　　　　图2-32

动作二：上动不停。以命门穴为圆心，经脚前转动至身体右侧方约90°；两腿保持自然伸直，两手置于右脚掌外侧；两眼余光照顾两手掌。（图2-33~图2-35）

图2-33

图2-34    图2-35

图2-36　　　　　　　　　　　　图2-37

动作三：上动不停。

屈膝松腰下蹲；两手臂弯曲，拇指相对，十指朝斜上，两手掌心朝前。两膝向上逐渐伸直并向左转；两手食指挑领，两臂随着身体运动逐渐伸直，置于头部两侧；两眼余光照顾两手食指。

（图2-36～图2-39）

图3-39　　　　　　　　　　　　图2-38

48

第二章　太极周身行气法功法功理——上部功

图2-40　　　　　　图2-41

动作四：上动不停。

两手食指保持挑领，两臂自然伸直；身体向右转动约90°；目视正前方。两臂自然弯曲，两腕放松下垂，两手十指朝下，下落至面部；两眼顺势下视。躯干顺势弯曲，两手掌心朝内，手指朝下，贴近右腿外侧，随着身体弯曲至最低处，两臂自然伸直，两手置于右脚掌外侧；两眼余光照顾两手掌。（图2-40～图2-43）

图2-43　　　　　　图2-42

49

动作五：上动不停。以命门穴为圆心，经脚前转动至身体左侧方约90°；两腿保持自然伸直，两手置于左脚掌外侧；两眼余光照顾两手掌。（图2-44～图2-46）

图2-44

图2-45

图2-46

图2-47　　　　　　　图2-48　　　　　　　图2-49

图2-50

动作六：上动不停。屈膝松腰下蹲；两手臂弯曲，拇指相对，十指朝斜上，两手掌心朝前。两膝向上逐渐伸直并向右转；两手食指挑领，两臂随着身体运动逐渐伸直，置于头部两侧；两眼余光照顾两手食指。（图2-47～图2-50）

动作七：上动不停。两腿屈膝；两手臂顺势向胸前下落，与胸部高度齐平时，掌心朝上，指尖朝前。随即两腿直膝；两手臂顺势下落至腹前，掌心朝上；两眼余光照顾两手掌。逐渐翻转掌心朝内，最终置于身体的两侧；目视正前方，还原成预备势。（图2-51～图2-53）

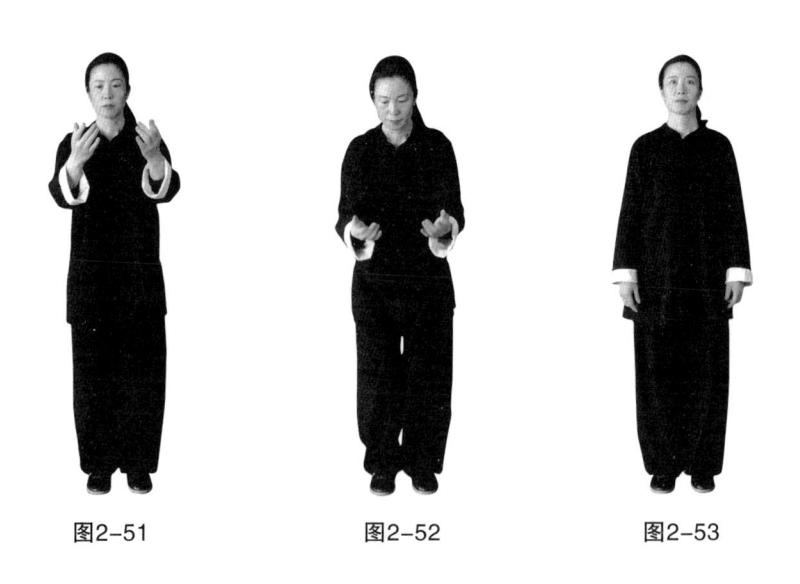

图2-51　　　　　　图2-52　　　　　　图2-53

二、呼吸方法

动作一、动作二自然呼吸；动作三逆腹式呼吸，停闭呼吸后吸气收腹；动作四、动作五自然呼吸；动作六逆腹式呼吸，停闭呼吸后吸气收腹；动作七自然呼吸。

三、意念活动

1. 初期意念动作规格、动作路线。

2. 练功逐渐熟练、深入之后，始终意念手指和命门穴保持关联。

四、技术要点

1. 动作一、动作二、动作四、动作五转腰时，两胯要左右打斜。
2. 动作三、动作六屈膝到直体的前半程要保持两胯左右打斜，后半程两胯转正。
3. 始终以命门穴处的椎节外突为圆心，以命门穴到食指处为半径做躯干的画圆转动。
4. 整个过程速度始终要均匀，力度始终要轻，手眼相合。身体重心不许上提，始终保持含胸气沉。

【要旨阐释】

"抻腰势"又名"懒龙翻身势"。在做此势时，无论是屈体还是直体，乃至所要求的意境都要围绕"懒"字来下一番功夫。在练习的时候一定要牢记"轻柔匀缓，以气化力"这八个字。

"轻柔匀缓"在前文已经交代过了，不再赘述。"以气化力"是什么意思呢？指的就是在练习的过程中要始终保持周身的气感充盈，只有这样才能避免用力、使劲。正如古谱所言："有气者无力，无气者纯刚。"

其意是告诉我们，气与力是矛盾的。气的特征体现于内，力的特征体现于外。气可穿梭运行于气脉经络、脏腑筋骨，力则不能。我们练功练的是内气的运行，而不是外部的力量，讲究练内不练外。所以在练功的时候尽量不用力，让自己感受不到有力，但也不能变成空洞的。这种无力的标准是要有气，而不是什么都没有。

习练本势功架时，身体的侧转、深屈、旋脊、下蹲、直体都要做到尽量充分才好。整个转动过程看是在自然地抻筋拔骨，实则是对足三阳经的反复刺激，是从另一个躯干角度对脊椎中的脊髓的进一步强化。如果说之前的摆尾势是水平面的平圆运动，出水势是矢状面的纵圆运动，那么抻腰势就是综合了平圆、纵圆、横圆的运动，所以它的强度更大，涉及的范围更广。

需要说明的是，在做侧身下蹲、直体这个动作时，必然会有一个自然的蹬地用力，这种情况不属于无气纯刚的错谬之处。在此过程中要不断地用意念力提醒自己周身放松，这样就能最大程度地卸掉多余的拙力，也就不会违背松则气通的要求了。

第五式　灌顶势

歌诀

捧气灌顶须循规，
肘转腕绕脊背催。
久练肩开心肺好，
舒经活络气顺遂。

一、动作说明

动作一：接上式。轻轻屈膝，落胯，含胸沉气；两手腕顺势在腹前交叉，掌心向上，两臂自然弯曲。两膝向上轻轻伸直；两臂保持原状，顺势向上运动至胸部。逐渐两肘外展，屈臂，翻转掌心朝下，两手成上下相叠状，运动至头顶百会穴上方；目视正前方，精神意识照顾两掌心。（图2-54~图2-57）

第二章 太极周身行气法功法功理——上部功

图2-54

图2-55

图2-56

图2-57

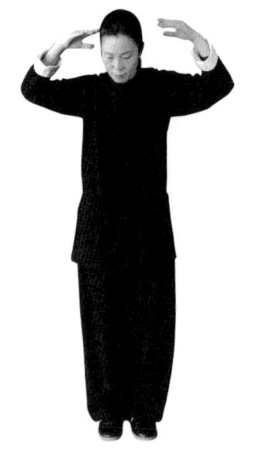

动作二：上动不停。轻轻屈膝，落胯，含胸沉气；两手经脑后向左右分开落至与胸齐平，掌心朝前，十指朝上。含胸，收胯，身体前倾，两臂从两侧逐渐向体前抱拢；两膝同步自然伸直，两手翻转掌心朝内，十指相对，两臂在体前正中抱圆；目视两手。（图2-58～图2-60）

图2-58

图2-59 　　　　　图2-60

图2-61　　　　　　　　　　图2-62

图2-63　　　　　　　　　　图2-64

动作三：上动不停。轻轻屈膝，落胯，含胸沉气；两臂向外翻转，掌心朝上，十指朝前，运动至身体两侧，掌心朝上，十指朝外。轻轻直膝；两臂弯曲，掌心相对，十指朝上，运动至头顶百会穴上方，两掌上下相叠；目视前方，精神意识照顾两掌。（图2-61~图2-64）

图2-65　　　　　　　　　图2-66

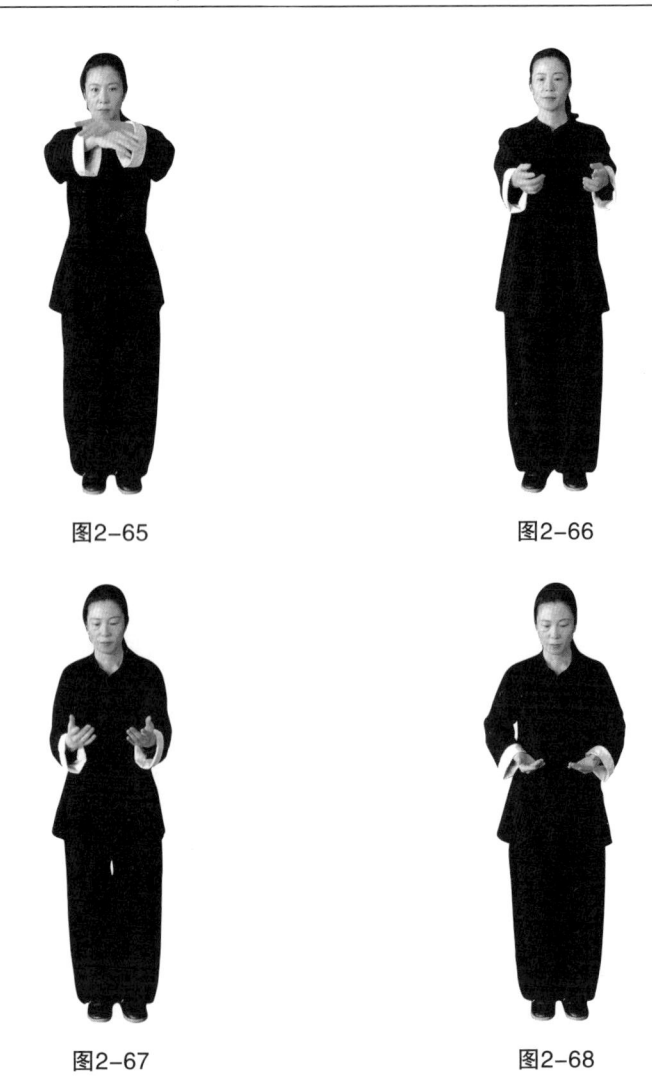

图2-67　　　　　　　　　图2-68

动作四：上动不停。轻轻屈膝，落胯，含胸沉气；左手掌心置于右手掌背上，逐渐运动至与胸齐平，掌心朝下，十指朝前，随即两腕分开，翻转成掌心朝上，十指朝前，屈臂回收至两肋处，两肘略外展，十指斜相对；两眼余光照顾两掌。（图2-65～图2-68）

二、呼吸方法

动作一先呼气鼓腹再吸气收腹，停闭呼吸再继续吸气收腹，动作二先呼气鼓腹再吸气收腹；动作三先呼气鼓腹再吸气收腹，停闭呼吸再继续吸气收腹；动作四呼气鼓腹再吸气收腹。

三、意念活动

1. 初期意念动作规格、动作路线。

2. 练功逐渐熟练、深入之后，动作一意念捧一个气球上行，动作二意念气球一分为二后又合抱成一个大气球，动作三意念气球一分为二后在头顶合抱成一个大气球，动作四意念气球一分为二后两手各托着一个小气球。

四、技术要点

1. 动作一时两臂要屈伸适度，不可太直，也不可太屈。翻掌时用肩和肘的转动带动手腕转动。

2. 动作二时要充分胸含背靠，与两手体前环抱有前后左右的对称对拔感。

3. 凡是屈膝时必沉气到涌泉穴，同时松肩坠肘落手。到达极致时必直膝借地之力将气从背后向上输送至手。手不可乱动或单独动，要跟随膝关节的屈伸节奏而动。

4. 整个过程中凡是手臂从下向上运动超过胸部时都要用1°蠕动法来参与完成。

5. 整个过程速度始终要匀，力度始终要轻，手眼相合。身体重心不许上提，始终保持含胸气沉。

【要旨阐释】

"灌顶势"也叫"捧气灌顶势"。顾名思义，在习练时手臂无论是经体前到头顶还是经体侧到头顶，都要有捧气上行之意及手臂和手臂之间要有大气笼罩之感。若做不到这些，那么就是练得不对，练之无益。

如何才能在习练的时候感受到气和维持住这种气感呢？一是体松，二是心静，且这两个要素必须同时具备，尤其心静最是关键。

为何这么说呢？例如我们有时很放松，或者感觉累了往床上一躺时也很放松，但却感受不到"气"，是因为你的心静程度不够。只有当你静到一定程度的时候，才会对体内的气生发感觉。做到这一点，则即使在打坐不动的时候也能感觉到内气。所以说，在习练的时候除了要保持身体放松外，还要做到内心恬静。谱文对此有曰："先在心，后在身。身虽动，心贵静。"

如果大家做到了这两个要素，却仍然气感不强，或者时有时无，主要原因是对内气的鼓荡不足。如何来激发内气的鼓荡呢？宋朝周敦颐的《太极图说》中对此说道："太极动而生阳。"阳指的就是阳气、内气。这个气是怎么来的呢？是从动中而来。所以功法谱文中又说："动则生阳静生阴，阳气壮体阴清心。"

本功法通过动来激发内气的鼓荡也是有其规律的。其规律有三大特点：一是永远都要保持松肩坠肘；二是手臂的运动一定要缓慢；三是手臂的运动一定要以下肢匀缓的屈伸运动和周身的蠕动为前提。这在我们视频课件的讲解演示当中有着详细的说明。

练功的时候只要做到了这三点，再结合体松、心静，气感就能极为明显了。在具体练习时，两腕相搭上行，好似把身上的这团气给拢住了，保持住气沉丹田，一点点地推着它往上走。走的过程中，精神要高度专注在气感上，并结合气感的强弱和运行用意念控制功架的运动。

在道家传统功法当中有"意到则气到"一说。本功法之所以能够在体内运行内气，就在于"以意控体，以体导气"。这种独特的练法较之那种用意念空想来导引内气运行的更为安全，效果更显著。所以，整个习练过程是神、形、意、气四位一体，缺一不可。

第六式　展翅势

歌诀

大鹏展翅势绵绵，
里裹外翻气丹田。
开合鼓荡守中定，
关键全在意气连。

一、动作说明

动作一：接上式。身体轻微前倾，带动两肘尖向外运动，两掌顺势内扣，十指在胸前相对，小指和食指自然蜷缩。随着身体继续前倾，两掌从腋下翻转，手指向外，掌心向上；两眼余光照顾两掌。（图2-69～图2-72）

图2-69

图2-70

图2-71

图2-72

动作二：上动不停。屈膝，直体，手臂顺势翻转滚动变掌心向前。逐渐直膝；带动手臂从身体两侧向中间靠拢并翻转掌心朝上，十指朝前，屈臂回收至两肋处，两肘略外展，十指斜相对；两眼余光照顾两掌。（图2-73~图2-77）

第二章 太极周身行气法功法功理——上部功

图2-73

图2-74

图2-75

图2-76

图2-77

63

图2-78

图2-79

图2-80

图2-81

动作三：上动不停。轻轻屈膝，落胯，含胸沉气；两臂同步逐渐伸直向前，掌心朝上。两膝轻轻伸直；两掌经体前翻腕转掌向两侧运动，掌心朝下，十指朝外；两眼余光照顾两掌。（图2-78～图2-81）

第二章 太极周身行气法功法功理——上部功

图2-82

图2-83

图2-84

动作四：上动不停。轻轻屈膝，落胯，含胸沉气；垂腕屈臂，十指指肋。轻轻直膝；两手经腋下向体前直臂运动，掌心朝上，十指朝前；两眼余光照顾两掌。（图2-82～图2-85）

图2-85

65

二、呼吸方法

动作一闭停呼吸、吸气收腹，动作二先呼气鼓腹再吸气收腹、闭停呼吸再吸气收腹，动作三先呼气鼓腹再吸气收腹，动作四先呼气鼓腹再吸气收腹、闭停呼吸再吸气收腹。

三、意念活动

1. 初期意念动作规格、动作路线。
2. 练功逐渐熟练、深入之后，意念两手掌心各有一个气球，随着动作的分合而分合。

四、技术要点

1. 动作一、动作二时用身体带动手臂的转动，手臂不可单独运动。
2. 动作三时手臂的前伸要和身体的后靠对称对拔，保持平衡。
3. 动作四时十指指肋要结合加大含胸、扣肩来完成。
4. 整个过程速度始终要均匀，力度始终要轻，手眼相合。身体重心不许上提，始终保持含胸气沉。

【要旨阐释】

习练此式的一大关键在于"以身带手"。手就好似大鹏的翅膀，身体就好似大鹏的躯干。所以在练习时，要想象自己好像一只大鹏鸟，周身一起运动，鼓荡着两只手臂的外放与回收，如此就可在转动咬合中开筋开骨，筋骨开则气血通。这种筋骨的开张在本功法的习练中绝对不是人为的抻拔，不仅不许刻意抻拔，还要尽量地松，且要一松再松，从始至终都要保持松的意识和过程。

我们很多时候总是认为松就是肌肉的松，这个认识不够全面，因为还有一个松是各个关节都要松。这种关节的松体现在它的外张上。

譬如两臂屈肘回收的时候，一定要记住虚腋，腋下是空的，不能是夹着的，一夹就紧了，两边的气脉会因之不通。想要虚腋，屈肘的肘尖在习练时就要向斜后方运动，而不是在身体两侧直来直去。向斜后方运动有利于我们松肩、含胸。能松肩含胸，就能气沉丹田。气沉丹田在整个练习过程中永远都不能被破坏，功法的任何动作都是如此，屈臂如此，直臂也如此。

在手臂从屈到伸再向体前运动的过程中，身体要随之成正比地相斥运动，形成手和身体前后自然的对称对拔。而在手臂从伸到屈再向体侧后方运动的过程中，身体要随之成正比地相吸运动。这不仅是本式的运动原则，在其他各式的功架当中也是一样。

所以，无论是手臂的伸直还是屈弯，都好似用身体带动一样。

在以身带手的运动过程中要一直保持松肩坠肘。例如，屈臂回拉的时候绝对不许肩上耸，耸肩是错的，永远要让肩松肘坠，在这样的前提下进行的缠绕、螺旋、滚动的运动就好似机器一样。机器运转的特征是什么呢？是所有零部件的互相咬合，一动无有不动，一静无有不静。真正做到确实有些难，正所谓"难者不会，会者不难"，只要按照以身代手的要领坚持练习，日久功深，熟能生巧，也就不难了。

这种一动无有不动的练习当然少不了下肢的参与。下肢屈膝的时候有助于气沉丹田，周身就要顺势向下松沉，这主要体现在体前任脉区域的关窍变化。直膝的时候有助于气贴脊背，周身要顺势向上导引，这主要体现在轻轻收腹提肛和肩开背靠。实际上，这是气行督脉的练法奥秘。这些也是本功法所有功架共同遵循的原则。

第七式　戏珠势

歌诀

松肩坠肘腕指舒，

轻柔匀缓龙戏珠。

脾胃肝胆中焦气，

肚脐收放是功夫。

一、动作要点

图2-86 　　　　　　　　图2-87

动作一：接上式。轻轻屈膝，落胯，含胸沉气；两臂弯曲，两肘贴肋向后外侧收拢，掌心朝上，十指斜相对。两膝轻轻伸直；两手扣腕，十指相对，掌心朝上置于脐腹部；两眼余光照顾两掌。（图2-86、图2-87）

第二章　太极周身行气法功法功理——上部功

图2-88

图2-89

图2-90

图2-91

动作二：上动不停。轻轻屈膝，落胯，含胸沉气；两腕顺势内扣，十指指向身体，然后，两掌心翻转朝下，十指朝前；两膝轻轻伸直，两手掌心相对，两腕顺势翻转内扣，掌心朝上，十指相对；两眼余光照顾两掌。（图2-88～图2-91）

图2-92

图2-93

图2-94

动作三：上动不停。轻轻屈膝，落胯，含胸沉气；两腕外展，两肘贴肋，掌心朝上，十指朝前，掌心相对后再变掌心朝下，十指朝前，两肘离肋。两膝轻轻伸直；两腕内扣，掌心朝里，十指朝下，掌心朝上，十指相对置于脐腹部；两眼余光照顾两掌。（图2-92～图2-96）

图2-95　　　　　　　　　图2-96

二、呼吸方法

动作一先呼气鼓腹再吸气收腹，动作二先呼气鼓腹再吸气收腹，动作三先呼气鼓腹再吸气收腹。

三、意念活动

1. 初期意念动作规格、动作路线。
2. 练功逐渐熟练、深入之后，意念两手掌心各有一个气球，随着动作的分合而分合。

四、技术要点

1. 动作一至动作三用身体带动腕部转动，腕部不可单独运动。
2. 手内扣、内合时，肚脐里的神阙穴、腹部的关元穴要随之轻微内吸。手外展、外开时，肚脐里的神阙穴、腹部的关元穴要随之轻微外吐。

3. 肩肘关节要和腕关节的运动保持协调配合。

4. 整个过程速度始终要均匀，力度始终要轻，手眼相合。身体重心不许上提，始终保持含胸气沉。

【要旨阐释】

"戏珠势"也称作"金龙合口"。顾名思义，两个手腕灵活翻转的运动就好似龙口在开合中吞吐戏耍龙珠一般。而这个龙珠指的是脐部和腹部区域，即脐腹部要随着两手腕在不同角度的开合翻转相应地做着内收、上提、下沉、外鼓的纵向旋转。这个看不见但是能够感觉到的球就是所谓的龙珠。

在本功法的谱文当中有"手随腕转，往来莫要空翻"之说，即手腕的转动不允许空转，要在转动当中带动脐腹运动，并且每根手指都要动起来，要根据运动的不同角度动不同的手指。这样有利于练到手三阴和手三阳六条经络。

譬如两手腕内扣、十指指内的时候，不仅脐腹要有一个内收、上提的肌肉变化，除拇指之外的其余四指也要随小指开始依次内收，就好似勾挂着什么东西一样，这就做到了不空翻。

当两手腕继续翻转、十指开始朝下的时候要保持腕的内扣，形如刁腕。此时沉气、鼓腹、吐脐。再向外翻至内扣的时候，依次从食指到小指逐个意领指梢轻轻挑起，随即又是小指领着其余手指内扣并翻转掌心朝上，此时脐腹部呈内吸状。

之后食指领着除拇指外的其余手指依次外展，好似掸灰尘一样，此时肚脐部外突，向前下方滚动，最后扣腕翻转，小指依次带动其余三指内扣上卷，脐腹部随之内吸，向后上方滚动。

整个过程中，身手协调配合，无所谓谁领着谁，浑然一体、随心自在。内气在中焦乃至下焦处的脏腑间的作用全凭外部的手腕结合着意念来调动。这就是所谓的以外带内。

过去练功有句话说，"有形有相皆是假，无形无相方为真"。外部的动作就是有形有相，内里的气机运转就是无形无相。练功练的就是内里，而不是外面，否则练功就成了锻炼。所以，太极周身行气法的这种以外带内的练法也叫作"借假修真法"。

第八式　摇橹势

歌诀

躬身问道吾意诚，
心能虚虔神自凝。
肩松体顺气鼓荡，
状似摇橹水上行。

一、动作说明

动作一：接上式。两膝自然直立，松腰，含胸沉气；两手自然下落，掌心相对，十指朝下。身体向前弯曲，头部自然下垂；两臂顺势向后运动，掌心相对，宽与肩齐，十指朝后斜下方；眼看下方，精神意念照顾两掌之间。（图2-97）

图2-97

动作二：上动不停。轻轻屈膝，落胯，含胸沉气；顺势松腰直体；带动两手翻腕转掌，掌心朝前，十指朝身体两侧。两膝轻轻伸直；两手翻腕转掌，掌心向上，运动至头顶上方，掌心相对，十指朝上；两眼余光照顾两掌之间。（图2-98～图2-100）

图2-98

图2-99

图2-100

第二章　太极周身行气法功法功理——上部功

动作三：上动不停。轻轻屈膝，落胯，含胸沉气；顺势带动两手自然屈臂下落，掌心相对，十指朝前。两膝轻轻伸直；两臂顺势落至身体两侧，掌心朝里，十指朝下；两眼目视体前下方，精神意念照顾两掌。（图2-101～图2-103）

图2-103

图2-102

图2-101

动作四：上动不停。轻轻屈膝，落胯，含胸沉气；两手自然直臂运动至腹部，掌心相对，十指朝斜下方。两膝轻轻伸直；两臂顺势经胸部运动至头顶上方，掌心相对，十指朝上；两眼余光照顾两掌之间。（图2-104～图2-106）

图2-104

图2-105

图2-106

动作五：上动不停。轻轻屈膝，落胯，含胸沉气；两臂向身体两侧旋转，掌心朝外，十指斜朝上，两手继续下落至与胸平齐，掌心朝下，十指朝外。两膝轻轻伸直；两臂落至身体两侧腰后方；身体自然前倾，头部自然下垂；眼看下方，精神意念照顾两掌之间。（图2-107～图2-109）

图2-109

图2-108

图2-107

二、呼吸方法

动作一吸气收腹；动作二先呼气鼓腹再吸气收腹，停闭呼吸再继续吸气鼓腹；动作三先呼气鼓腹再吸气收腹；动作四先呼气鼓腹再吸气收腹，停闭呼吸再继续吸气鼓腹；动作五先呼气鼓腹再吸气收腹。

三、意念活动

1. 初期意念动作规格、动作路线。
2. 练功逐渐熟练、深入之后，意念两手掌心各有一个气球，随着动作在两掌中开合翻滚。

四、技术要点

1. 动作一屈体弯腰带动手臂运动至背后超过身体侧面，即可作为运动到位标准。
2. 动作二和动作四的手臂超过胸部后，都要用1°蠕动法来参与完成。
3. 整个过程速度始终要均匀，力度始终要轻，手眼相合。身体重心不许上提，始终保持含胸气沉。

【要旨阐释】

本式的第一动是顺着身体的前倾带动手臂向后运动，体现了以身带手的原则。而这个身体的前倾和手臂的后撤就好似一个人向圣贤问道一样，要有发自内心的谦虚之态。

这种谦虚之态的关键不在于前倾，而是前倾的过程中要保持含胸。如果是挺胸的身体前倾，那不能叫作躬身问道。躬身含胸实则是在做气沉丹田。正如老子所说："虚其心，实其腹。"借假修真是也。

另外，在做这一式时要始终有一个抱球、捧球的意念，这样有助于快速得气，气感十足，气遍周身。因此，在躬身向后领手时即意念两手之间抱着一个大气球。这种意念还要结合手部的穴位来加强气感，即两手的内劳宫穴要对齐，肩、肘、腕、手要保持放松，且手指梢要有挑领之意。

在屈膝直体时，为了保持两手的放松所带来的气感，两臂要随着身体的变化带动着翻转运动，且想象两手间的气球一分为二，左右手各持一个。在后续的两手上行过程中，也要意念两手捧球向上运动。当运动至头顶时又将二球合为一球，并随着屈膝沉气带动手臂匀缓下落，小心翼翼地将球放回丹田中。而后再顺着两臂的上举运动，意念两手把球从丹田中取出，沿着原来的运行路线反向运动。

整个过程周身松松柔柔，脚下在松动中也来回调节着平衡，自我感觉就好似船夫摇橹一样。加强气感，有助于内气运行，有益无害，要多加体验揣摩。

第九式　钓蟾势

歌诀

蟾戏金钱串串联，
金钱钓起海底蟾。
气贴脊背乃正法，
吸提含拔是真言。

一、动作说明

动作一：接上式。轻轻屈膝，落胯，含胸沉气；身体顺势正直；同时，两手从背后运动至体侧。两膝轻轻伸直；两手经腹部自然屈臂向上运动至与胸平齐，掌心朝里，十指朝上；两眼余光照顾两掌。（图2-110、图2-111）

图2-110

图2-111

动作二：上动不停。轻轻屈膝，落胯，含胸沉气；两手腕翻转下落，掌背相对，掌心朝外，十指朝下，运动至腹部，两手腕翻转变掌心朝下，十指朝前；两眼余光照顾两掌。（图2-112~图2-114）

图2-112

图2-113

图2-114

图2-115

图2-116

动作三：上动不停。两膝轻轻伸直；两手翻腕转掌，掌心朝前，十指朝上，屈臂运动至胸腹之间，两手运动至与胸平齐，翻转掌心相对再朝里，十指朝上；两眼余光照顾两掌。（图2-115～图2-117）

图2-117

图2-120

图2-119

图2-118

动作四：上动不停。轻轻屈膝，落胯，含胸沉气；同时，翻转掌心朝外，十指朝上。低头俯身；自然屈臂落至腹前，掌心朝下，十指朝前，在腹部下方自然直臂，掌背相对，十指朝下；两眼余光照顾两掌。（图2-118～图2-120）

图2-121　　　　　　　　　图2-122

动作五：上动不停。两膝轻轻伸直；两臂顺势自然屈臂向胸部运动，掌背相对，十指朝下，运动至胸部翻转两腕，掌心朝里，十指朝上，屈臂置于胸前；两眼余光照顾两掌。（图2-121～图2-123）

图2-123

二、呼吸方法

动作一先呼气鼓腹再吸气收腹,动作二闭停呼吸、呼气鼓腹,动作三吸气收腹,动作四呼气鼓腹,动作五先吸气收腹再呼气鼓腹。

三、意念活动

1. 初期意念动作规格、动作路线。
2. 练功逐渐熟练、深入之后,意念内气随着向下的动作沉至腹部,随着向上的动作行于后背。

四、技术要点

1. 整个过程注意胸、背的开与合,肩、肘、腕的翻转滚动。
2. 动作五注意肚脐的内吸、内气的上提、胸部的含吞、背部的拔展。
3. 整个过程速度始终要均匀,力度始终要轻,手眼相合。

【要旨阐释】

蟾,在道家传统功法中指的是肾中动气。什么是肾中动气呢?这得从肾所具备的两面性来认识。

一是肾中有精,精者为阴,在五行属水。二是肾中还有气,气者为阳,在五行属金。肾气由肾精生成,所以在传统功法中所谓的"水中金"实则说的就是蟾,故又有"金蟾"之说。这也是本节功法被称为"钓蟾势"的由来。

那么如何在功法练习中练肾，进而达到炼精化气的效果呢？首先，要结合以外带内的原则，通过手臂的滚动翻转、下肢的屈伸往返和胸背的前贴后靠来实现。具体实操要点如下：

当两手在胸前开始向内扣腕翻转的同时要顺势含胸、开肩、张肘，这样就能松开胸口处的横膈膜，从而具备使气下行的条件。除此之外，下肢也要同步匀缓屈膝，帮助下行的气顺畅地沉到腹部丹田当中。气到丹田时要以腹部、脐部、肋部鼓胀为衡量标准，其状像极了蟾的肚皮外鼓。

手自腹部上升的过程中一定要与膝的匀缓伸直同步，这样有助于向上的以心行气。同时，腹部、脐部、肋部要轻匀地往内收，其状又像极了蟾的肚皮内凹。当两手行至胸前时做如捧莲花状，并结合意念想象其中有一团气，以能生发强烈的气感为最佳。

当手从前落至腹部时，顺着匀缓的屈膝，意念想象两手间的气被放回到了丹田里，同时腹部、脐部、肋部都要外鼓。随着匀缓直膝上送，要手背相贴带动肩的前翻来配合脐部、腹部、肋部的内收和胸部的内含，以达到激发内气贴着脊背上行的效果。手领气行，至胸背部随着手的翻转下落完成内气后升前降的小周天循环。

在整个过程中，落手时自然是呼气的，起手时自然是吸气的，不需要人为刻意地控制呼吸来配合动作的升降。腹、脐、肋的开合鼓缩必须要做到与之同气相应。另外，就是意念想象要结合体感来运用，而不能是只有意念想象而无身体的相应感受。

第十式　翻江势

歌诀

翻江倒海势恢宏,
上可扶摇入九重。
口中甘露涓涓洒,
下至关元氤氲浓。

一、动作说明

图2-124 　　　　　图2-125 　　　　　图2-126

动作一：接上式。轻轻屈膝，落胯，含胸沉气；同时，两手翻腕转掌，掌心相对，十指朝上。轻轻直膝；两手下落至腹部，掌心朝下，十指朝前，自然直臂向身体两侧运动，掌心朝后，十指朝侧下方；两眼余光照顾两掌。（图2-124～图2-126）

图2-127　　　　　　图2-128　　　　　　图2-129

动作二：上动不停。轻轻屈膝，落胯，含胸沉气；同时，两手腕翻转，掌心朝前，十指仍然朝斜下方。轻轻直膝；两手翻腕转掌，自然直臂运动至与胸平齐，掌心朝上，十指朝外，向上运动至头顶上方，两臂略弯屈，两腕相搭，掌心向后，十指朝上；两眼余光照顾两掌。（图2-127～图2-130）

图2-130

图2-131 　　　　　　　　图2-132

图2-133

动作三：上动不停。轻轻屈膝，落胯，含胸沉气；同时，自然直臂下落，掌心朝下，十指朝前，经胸部落至腹前。轻轻直膝；两手向身体两侧打开，掌心朝后，十指朝斜下方；两眼余光照顾两掌。（图2-131～图2-133）

图2-134

图2-135

动作四：上动不停。轻轻屈膝，落胯，含胸沉气；同时，两腕顺势在腹部相搭。轻轻直膝；两臂经体前向上运动，掌心朝上，十指朝前，运动至头顶上方，掌心朝后，十指朝斜上方；两眼余光照顾两掌。（图2-134～图2-136）

图2-136

第二章 太极周身行气法功法功理——上部功

图2-139

图2-138

图2-137

动作五：上动不停。轻轻屈膝，落胯，含胸沉气；两臂顺势在头顶上方向两侧分开，掌心朝前，手指斜朝上，随即两手下落与胸平齐，掌心朝下，十指朝外，两手自然直臂下落至腹前，掌心朝里，十指朝下；两眼余光照顾两掌。

（图2-137～图2-139）

二、呼吸方法

动作一先呼气鼓腹再吸气收腹，动作二先呼气鼓腹再吸气收腹、闭停呼吸再继续吸气收腹，动作三先呼气鼓腹再吸气收腹，动作四先呼气鼓腹再吸气收腹、闭停呼吸再继续吸气收腹，动作五呼气鼓腹。

三、意念活动

1. 初期意念动作规格、动作路线。
2. 练功逐渐熟练、深入之后，意念两掌之间有一个气球随着动作滚动。

四、技术要点

1. 整个动作过程凡是从下向上经过胸部的运动都要通过胸部、背部的轻微含拔来完成衔接转换。
2. 整个动作过程凡是从下向上经过胸部的运动都要用1°蠕动法来参与完成。
3. 整个动作过程速度始终要均匀，力度始终要轻，手眼相合。身体重心不许上提，始终保持含胸沉气。

【要旨阐释】

"翻江势"也称作"九天揽月"。顾名思义，习练的时候向上要有磅礴之势。其势从下到上，从上到下，意念想象自己如北冥之鱼化作鲲鹏扶摇直上九霄，而体感在整个过程中好似翻江倒海一样。意念结合气势是习练本节功法能否产生功效的关键。在习练时要在功架的动静开合之间掌握如下要点。

两手领气沿着体前任脉下沉至腹部丹田后，顺势在身体两侧翻掌时必须要与匀缓屈膝相配合。这么做是为了蓄势待发，为后续两手臂从身体两侧向上的运动提供充足的源动力。这就好似发射火箭一样，底部需要足够的推动力。

在两手臂上行的过程中，必须要做到好似腿部的匀缓直膝来推动手臂上行。这就像火箭升空是通过底部的推动器实现的，而不是火箭自身四周的力量。只有这样，习练时才能让周身的气血运行与之同步、同频，才有气血鼓荡的可能，才能在具备了气感的前提下有翻江倒海之势，进而借势意念想象上九天揽月。

在两手臂超过两肩水平面的瞬间，要掌握膝关节的蠕动法，通过蠕动继续源源不断地使气势不减、不断。在超过两肩水平面的瞬间还要注意，必须结合闭停呼吸转换一次气口，即两臂从腹部到胸部上行的过程中本来是自然吸气的，在经过两肩水平面的时候要有一个短暂的换气，然后仍是随着手臂的上行继续自然吸气，这才是正确的练法。

两臂从头顶下落的时候，要借助屈膝、含胸、松肩、坠肘来完成，而不能是手臂单独运动，却与身体没有关联感、没有呼应感。这种下落就好似直升飞机原地降落一样，整个机身要匀缓地下降。希望大家在习练中能通过这种认识达到望文生义的效果，从而将抽象的感受或者需要掌握的那个度能理解并做到。在这样下落的过程中，可结合气血鼓荡的体感意念想象自己好似下九洋捉鳖，自有妙不可言之理趣。

当两臂从腹部开而又合之际，仍然要通过与膝关节匀缓弯屈的配合来蓄势，然后从下向上结合气感用意念想象好似把江海之水捧上九天一样，整个过程沉重匀缓而又不失连绵流畅。这是一个看似矛盾，实则是太极阴阳和合的体现。如果不是这样，有沉重匀缓而无连绵流畅则周身必有呆相；连绵流畅而无沉重匀缓则周身必露浮漂。

总之，本节功法的习练在遵循整个功法总体要领原则的基础上，一定要结合它自身的运动特点，用意念想象发挥符合本节功法所要形成的气势，如此，功效才能达到最佳。

第十一式　抟腹势

歌诀

仙人抟腹似滚球，
球在腹中荡悠悠。
左旋右转随心动，
意气鼓荡贵圆柔。

一、动作说明

图2-140　　　　　图2-141　　　　　图2-142

动作一：接上式。两膝轻轻伸直；两手从腹部屈臂向上运动至与胸平齐，掌心朝里，十指相对，两手腕翻转，掌心朝前，十指朝上；两眼余光照顾两掌。（图2-140～图2-142）

图2-143 　　　　　图2-144

动作二：上动不停。

轻轻屈膝，落胯，含胸沉气；同时，以肘关节为轴，两前臂下落至腹部两侧，掌心朝后，十指朝下。轻轻直膝；两手从腹部屈臂向上运动至与胸平齐，掌心朝里，十指相对；两眼余光照顾两掌。（图2-143～图2-146）

图2-146 　　　　　图2-145

太极周身行气法（上部功）——筑基炼形

图2-147

图2-148

图2-149

第二章 太极周身行气法功法功理——上部功

图2-152

图2-151

图2-150

动作三：上动不停。轻轻屈膝，落胯，含胸沉气；两手顺势直臂下落至腹前，掌心朝里，十指朝下。轻轻直膝；两手运动至身体两侧后以肘关节为轴，屈臂翻转成掌心朝前，十指朝上，两肘肘尖向外，两手掌内扣，掌心朝里，十指相对，置于胸前；两眼余光照顾两掌。（图2-147～图2-152）

二、呼吸方法

动作一吸气收腹,动作二先呼气鼓腹再吸气收腹,动作三先呼气鼓腹再吸气收腹、闭停呼吸后继续吸气收腹。

三、意念活动

1. 初期意念动作规格、动作路线。
2. 练功逐渐熟练、深入之后,意念内气随着向下的动作沉至腹部,随着向上的动作行于脐部。

四、技术要点

1. 整个动作过程注意胸、背的开与合,肩、肘的收与展。
2. 两腋要始终保持虚空。
3. 整个动作过程速度始终要均匀,力度始终要轻,手眼相合。身体重心不许上提,始终保持含胸沉气。

【要旨阐释】

"抟"是指把东西揉弄成球形,如词语"抟泥球"。所以,"抟腹势"顾名思义,就是通过本节功法功架的习练特征,外在的两手在胸腹之间做揉球状,内里的气血像一团气球在胸腹间呈左旋右转状。其原理既遵循着以外导内的原则,同时也深入以内带外的层次,具有明显的内外相合、相互作用的特点特征。

在具体的习练过程中，一定要注意是以肘部为轴来完成前臂的屈伸往返的转动，而不是以肩关节为轴做大开大合的转动。在以肘关节为轴转动的过程中，周身关节配合着辅助协调运动是可以的，也是必要的，只有这样才能让抟腹揉球的功效达到圆活顺遂，功效极佳。

在抟腹揉球的过程中，无论是向外开还是向里合，腹部和脐部都要随其形而旋转缩张。如两手从腹部下方向胸部上方做里合或外开运动时，腹脐部既要向内轻柔地内吸，又要往其中间相聚。而从胸部上方向腹部下方做里合或外开运动时，腹脐部既要向下轻柔地舒展，又要往四周鼓胀。

整个转动过程，无论正向还是反向运动，内气外形都贵在圆、活、轻、柔这四个字，只有这样才能充分体现球体滚动的特点。这四个字是抟气成球练法的关键。

想要通过本节功法的功架习练达到抟气成球的感觉，除了要做到以肘为轴、腹脐部的内吸外吐等练习要旨，还要意念想象自己好像一个仙人似的，非常轻松惬意地把玩。这样有助于身心放松、气血畅通。

最后要记住的重要一点就是，虽然练功属于心身共同的作用，但是心神、心意始终占着主导地位。因为每个动作的开合都是在心意的引导下相应实现的，而不是自发自动来完成的，而内部随着外部的变化而产生的变化又是在身体的感知下得以捕捉的，进而结合着这种感知再去用心意调整、掌控外部功架高质量的运行。这是歌诀当中"左旋右转随心动"的奥义所在。所以，练功时一定要重视心神、心意在整个过程中的重要性。

第十二式　研磨势

歌诀

左右屈伸任自然，
疏肝强肾在趾间。
能如水磨催急缓，
云龙风虎象周全。

一、动作说明

图2-153 　　　　　图2-154 　　　　　图2-155

动作一：接上式。轻轻屈膝，落胯，含胸沉气；两手腕翻转，掌心朝下，十指朝前，经体前向两侧划弧至身体两侧时，重心右移，两手叉腰，拇指朝后。左脚向体前迈出，脚尖点地，右腿保持屈膝承重；两眼余光照顾左脚掌。（图2-153～图2-155）

第二章 太极周身行气法功法功理——上部功

图2-156

图2-157

图2-158

图2-159

动作二：上动不停。左脚大脚趾着地向左侧外方划弧，转至体侧约90°时，脚踝内扣，变小脚趾着地向身体后方划弧，运动至身体前方以小脚趾着地；两眼余光照顾左脚掌。（图2-156~图2-159）

101

图2-160

图2-161

图2-162

图2-165

图2-164

图2-163

动作三：上动不停。左脚小脚趾着地经体后向左侧约90°划弧，变大脚趾着地经体侧向体前划弧，轻轻收回并于右脚处，重心左移，右脚向体前伸出，脚尖点地；两眼余光照顾右脚掌。（图2-160～图2-165）

图2-166 　　　　　　图2-167 　　　　　　图2-168

动作四：上动不停。右脚大脚趾着地向右侧外方划弧，至体侧约90°时，脚踝内扣，变小脚趾着地向身体后方划弧，再运动至身体前方，以小脚趾着地；两眼余光照顾右脚掌。（图2-166～图2-169）

图2-169

第二章 太极周身行气法功法功理——上部功

图2-170　　　　　图2-171　　　　　图2-172

图2-173　　　　　图2-174　　　　　图2-175

动作五：上动不停。右脚小脚趾着地经体后向右侧约90°划弧，变大脚趾着地经体侧向体前划弧，轻轻收回并于左脚处，重心右移，左腿屈膝提起，脚尖自然下垂；两眼余光照顾左膝。（图2-170～图2-175）

105

二、呼吸方法

自然呼吸。

三、意念活动

1. 初期意念动作规格、动作路线。
2. 练功逐渐熟练、深入之后，意念脚底踩着一个球。

四、技术要点

1. 放松支撑腿的髋关节，将重心充分移动至支撑腿，便于稳定地支撑。
2. 支撑腿的膝关节随着运动腿的转动幅度做自然屈伸。
3. 整个过程中速度始终要均匀，力度始终要轻，身体重心不许上提，始终保持含胸气沉。

【要旨阐释】

人体内气运行之经络遍布周身上下、前后、左右，其中在腿部就有足三阴经和足三阳经。足三阴经对应的是肝、脾、肾，足三阳经对应的是胆、胃、膀胱。而这些互为表里的三脏三腑都处于人体的中焦和下焦之处，即胸部以下、腹部以上。其器官机能之所以能够正常发挥，是与血液的营养供给密不可分的。在中医理论中，气为血之帅，即血液的畅通离不开气的支配与推动。所以，太极周身行气法在形成之初就牢牢抓住了内气这个本质，围绕养气、行气在健康养生、内功修炼上建立其缜密的理法结构。因此，下肢的三个功架练法旨要也须从经络的高度来认识与掌握。

本节功法的习练特点就在于以胯关节的平面转动为主，膝、踝、足三个关节的转动为辅。这样，就能通过转动，使足三阴经和足三阳经在所经过的下肢路线上进行共同作用。而在转动的过程中，胯部要结合着意念想象，好似水磨一般既松沉匀缓，又连绵不断。脚的大趾和小趾在不同位置的着地也要用意贯注其中，这样可以激发大趾的肝经和胆经、小趾的肾经和膀胱经。意到则气到，意识的力量在人体的经络穴位上是具有激发、强化等功效的。越是习练经久，越是效果明显。所以，用心专注和持之以恒是极为重要的。

另外，任何一侧单腿支撑的时候，支撑腿要随着转动腿远近距离的变化而随之上下屈伸，这就是歌诀中所谓的"左右屈伸任自然"。而在一侧腿运动完毕后转换到另一侧腿的过程中，要揣摩松腰换胯的过渡如何才能做到柔和连绵，只有这样才能让气机没有断点。如果忽略了这个要旨，没有意识或生硬地转换重心，则会让气机的运行存在瑕疵。

需要补充说明的一点是，当抟腹势练习完毕向研磨势过渡的过程中，两手要匀缓地向体前翻转运动，速度千万不要快，只有这样才能保持气感、体感，或者说才能在极强的气感下让过渡变得有滋有味，避免运行轨迹感觉空洞无物，失去意气在内的趣味感。

当两手结合着气感运行到前方适度，再向两侧划弧直至叉腰时，两手所放置的部位千万不要在腰部肌肉上，因为这样会阻碍带脉气血的顺畅运行，体感也确实不好。正确的放置部位在骨盆的上沿，也就是维道穴附近。两处给人的感受绝对不同，大家一试即知。

第十三式　踏车势

歌诀

此势形如踏水车，
折叠环转膝要活。
意在丹田随收放，
松稳沉匀任腾挪。

一、动作说明

图2-176 　　　　图2-177 　　　　图2-178

动作一：接上式。左腿小腿向体前斜下方蹬踏伸直，脚尖上翘，顺势下落，经下方向体后摆动，保持自然伸直；身体顺势前倾。随即屈膝上提至约水平高度，小腿弯曲，脚尖自然下垂；身体保持自然正直；两眼余光照顾左膝。（图2-176～图2-178）

第二章 太极周身行气法功法功理——上部功

图2-179 　　　　　　图2-180 　　　　　　图2-181

动作二：上动不停。身体前倾；左腿向体后自然伸直，大腿带动小腿，经下方运动至体前斜下方；身体顺势自然正直。随即屈膝上提至约水平高度，小腿弯曲，脚尖自然下垂；两眼余光照顾左膝。（图2-179~图2-182）

图2-182

109

图2-183 　　　　　　图2-184 　　　　　　图2-185

动作三：上动不停。左腿轻轻下落并于右脚处，重心左移，右腿顺势屈膝上提至约水平高度，小腿向体前斜下方蹬踏伸直，脚尖上翘，顺势下落，经下方向体后摆动，保持自然伸直；身体顺势前倾。随即屈膝上提至约水平高度，小腿弯曲，脚尖自然下垂；身体保持自然正直；两眼余光照顾右膝。（图2-183～图2-186）

图2-186

第二章 太极周身行气法功法功理——上部功

图2-187

图2-188

动作四：上动不停。右腿向体后自然伸直；身体顺势前倾。大腿带动小腿，经下方运动至体前斜下方；身体顺势自然正直。随即屈膝上提至约水平高度，小腿弯曲，脚尖自然下垂；两眼余光照顾右膝。
（图2-187~图2-189）

图2-189

二、呼吸方法

自然呼吸。

三、意念活动

1. 初期意念动作规格、动作路线。
2. 练功逐渐熟练、深入之后，意念随着腿的前后运动有一个球随之而动。

四、技术要点

1. 放松支撑腿的髋关节，将重心充分移动至支撑腿，便于支撑的稳定性。
2. 支撑腿的膝关节随着运动腿的转动幅度做自然屈伸。
3. 腿向后伸直时，身体必须要顺应地自然前倾，保持好平衡。
4. 整个过程中速度始终要均匀，力度始终要轻，身体重心不许上提，始终保持含胸气沉。

【要旨阐释】

本节功法的练习侧重以膝关节的前后屈伸为主，胯、踝、足的协调转动为辅，其状像极了古人在水田地里蹬踏水车灌溉农田，因此，在习练时可做这种意念想象，如此则能让动作变得富有情趣，进而吸引精神意识与形体能够最大程度地契合，产生更好的习练效果。

在习练时还要控制速度的匀缓和力度的适中。对速度与力度的火候拿捏也是快速产生内气鼓荡效果的关键。若想做到转动腿往复循环的轻松圆活，一个重要条件就是在支撑腿单腿承重的时候，必须要先松腰落胯，这样就能把髋关节松开。然后一定要将髋关节向外侧运动，自己要有明显的髋关节外突感。

这时再顺势将重心全部移动过去才会单腿支撑平稳，并且要保持这种姿态，这样就不会因受到另一侧腿上下、前后的屈伸影响平衡了。功架的平衡稳定是本功法任何运动姿态能够做到轻柔圆活、柔和匀称的关键所在，而这又是能够做到以心行气、以气运身之练功功效不可忽视的重要条件。在一侧运动腿运动完毕之后，在转换另一条腿的过程中也必须要做到过渡的柔和顺遂才行。

最后一个需要注意的练习要旨就是腿的屈伸折叠需要在腹部丹田的控制下完成。也就是一定要让运动腿和丹田形成联结、合为一体，然后无论是提起还是放下，都要由腰、胯、丹田来带动。这就是歌诀里"意在丹田随收放"的含义所在。

第十四式　转轮势

歌诀

人未老时腿先衰，
故将足部血脉开。
扣点摆跷能到位，
腿力知觉失复来。

一、动作说明

动作一：接上式。右脚轻轻下落并于左脚处，重心右移，左腿顺势向体前斜下方自然直膝前伸，脚尖上翘，脚掌围绕踝关节由内向外逆时针划一圆圈，再由外向内顺时针划一圆圈；两眼余光照顾左脚掌。（图2-190～图2-198）

太极周身行气法（上部功）——筑基炼形

图2-190

图2-191

图2-198

图2-197

114

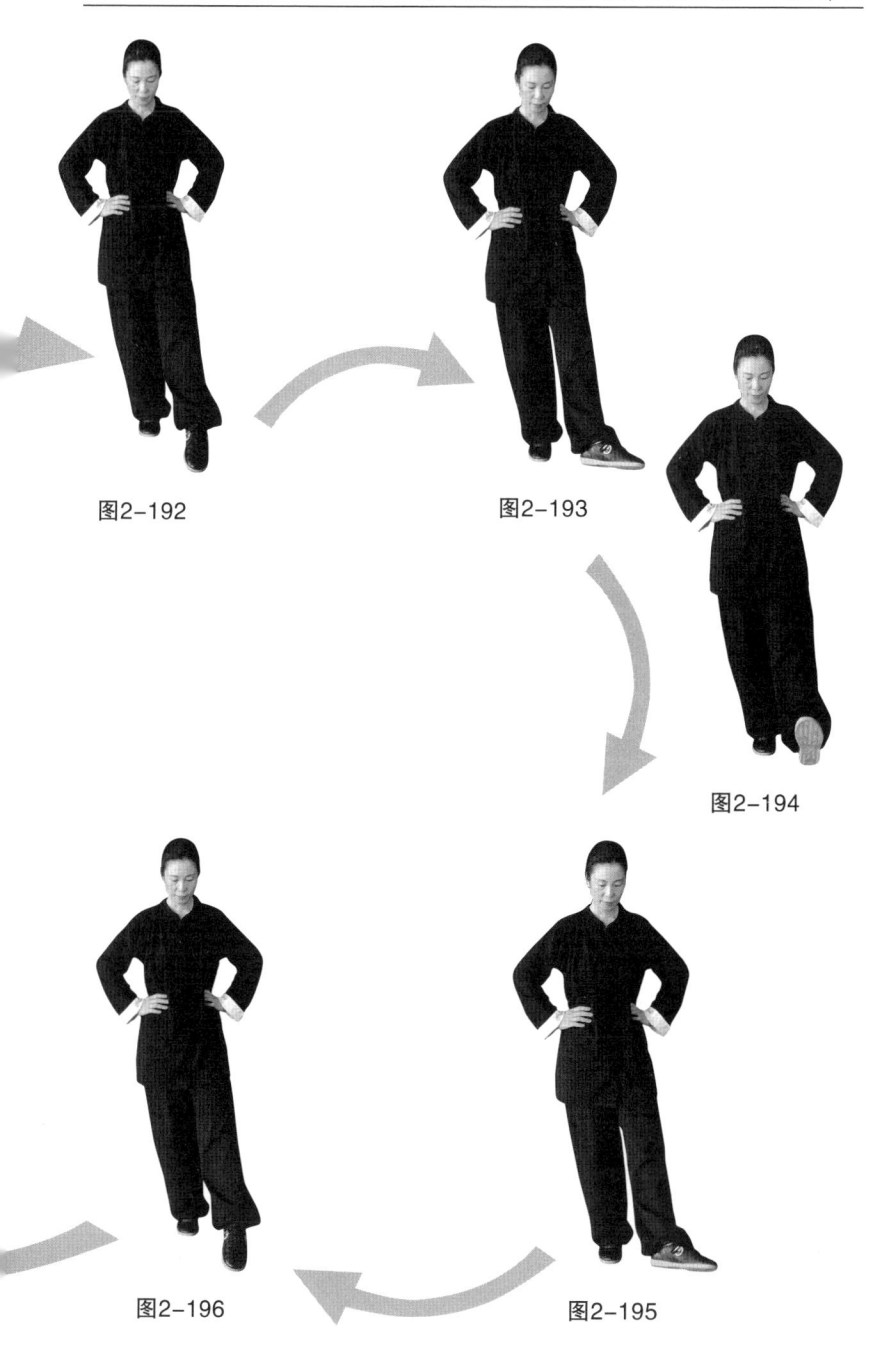

第二章　太极周身行气法功法功理——上部功

图2-192

图2-193

图2-194

图2-196

图2-195

115

图2-199　　　　　图2-200　　　　　图2-201

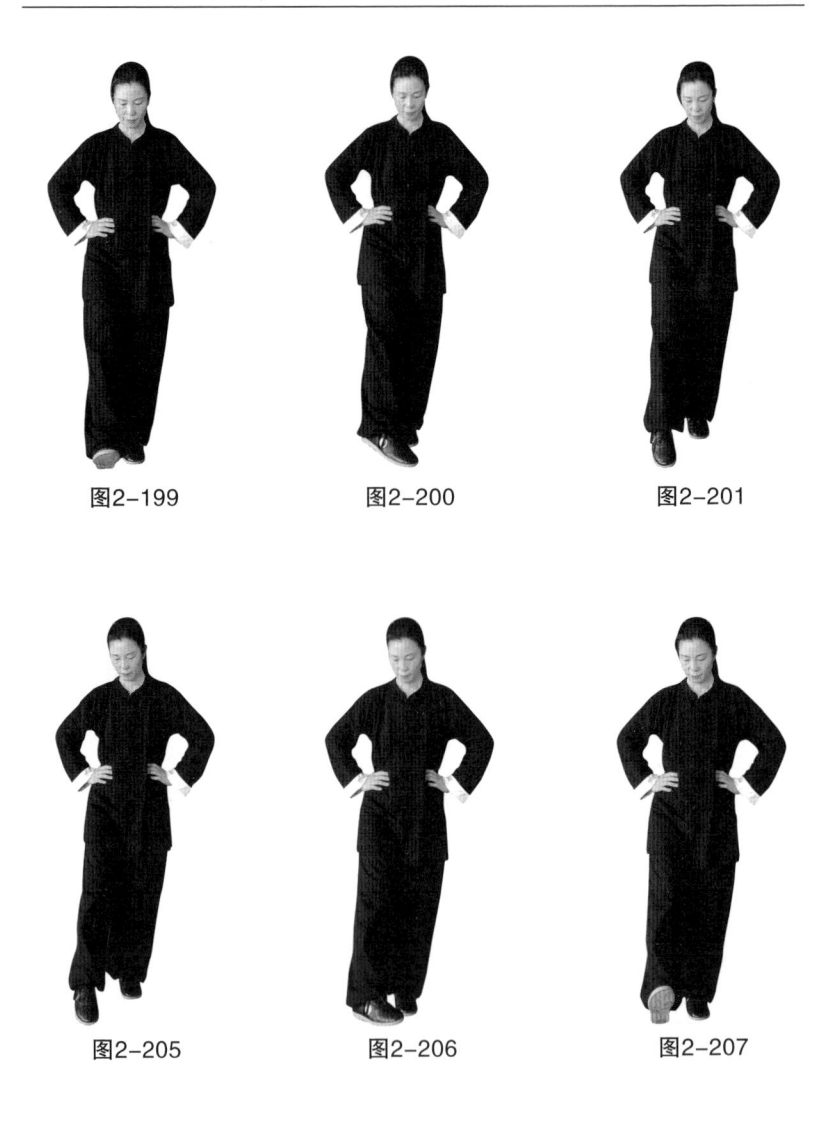

图2-205　　　　　图2-206　　　　　图2-207

动作二：上动不停。左脚轻轻回收并于右脚处，重心左移，右脚顺势向体前斜下方自然直膝前伸，脚尖上翘，脚掌围绕踝关节由内向外顺时针划一圆圈，再由外向内逆时针划一圆圈；两眼

图2-202　　　　　　图2-203　　　　　　图2-204

图2-208　　　　　　图2-209　　　　　　图2-210

余光照顾右脚掌。右脚轻轻回收并于左脚处，重心移至两脚之间，随即两手在腰部向上旋转半圈，再屈膝旋转下落至身体两侧，直膝成预备势；两眼目视正前方。（图2-199～图2-210）

二、呼吸方法

自然呼吸。

三、意念活动

1. 初期意念动作规格、动作路线。
2. 练功逐渐熟练、深入之后，意念脚踝是个球，随着脚部的转动而转动。

四、技术要点

1. 放松支撑腿的髋关节，将重心充分移动至支撑腿，便于支撑的稳定性。
2. 支撑腿的膝关节随着运动腿的转动幅度做自然屈伸。
3. 整个过程中速度始终要均匀，力度始终要轻，身体重心不许上提，始终保持含胸气沉。

【要旨阐释】

本节功法以踝关节的转动为主，膝关节的协调转动为辅。在练习的时候，膝关节必须配合脚尖的方向与踝关节协调运动，只有这样才能让踝关节的转动圆活自如，进而脚踝部的气血才能随之运行活泼。

而在开始阶段的学练中，很多人应该都会发现踝关节的灵活性不够，这实际上就是腿脚气血不畅、关节骨肉僵紧所造成的腿衰体现。为了解决这个问题，在习练时一定要按照"找点法"，即扣、点、摆、跷四个点进行练习。这样就能渐渐地活气血，松骨肉。当练到一定熟练程度后可不用"找点法"也能转动得圆活自如、随心所欲了。这就叫作"过河弃筏"。所以，开始学练要守规矩，渐渐自可脱规矩；虽看似脱规矩，实则仍是合规矩。另外，在整个练习过程中，心神意念必须要专注地沉浸在踝关节的转动中，要意念想象踝关节好似一个车轮在来回转动。这仍然是结合了以外带内和意到气到的练法原则。而且支撑腿也必须要做到髋关节松开外突、平稳支撑才行，在两腿转换时，也要做到轻柔顺遂、衔接不断。

老话说得好："人老先老腿，未老腿先衰。"我们通过下肢的胯、膝、踝练习就可逐渐使腿部气血形成一个整体性、系统性的顺畅循环。所以歌诀说"故将足部血脉开""腿力知觉失复来"。

当最后这一节功法学习完毕，也许很多人已经发现了这部功法的一个特点，即从始至终都在围绕着周身的关节转动。这是因为人体经络上有很多穴位，穴位就好似身体脏腑、组织的反映点，通过对不同穴位的作用可以产生相应的效果。

太极周身行气法作为一种以运行内气来达到疏通经络功效的方式方法，就是借助了每个关节的屈伸开合所形成的扭矩力的变化作为气血的推动源，所谓的节节贯穿，实际上指的就是每个关节都要在运动的过程中按照这种方式来运动。这就是为什么从始至终都没有离开关节运动的原因所在。

最后我想说的是，对于这部功法，当你能够认真、用心、坚持地学练一个阶段后——这个阶段一般为一个月左右，那么你整个身体一定与之前有了很大的不同。希望你的受益能够化为一种动力，向身边的亲朋好友传递这样一个信息，帮助他们也来学练这套功法,也和我们一样有个健康的身体。

一人乐不如众人乐。我们的亲朋好友都能跟我们一样身心健康,这不正是我们真诚希望的吗?期盼着你能和我一样做这件善事。

附录

太极周身行气法
受益案例

由于长时间伏案工作，经医院检查，发现我的颈椎生理弧度变直了，有时会疼痛到影响休息，近两年来晨起后会头晕，要活动两三个小时方能缓解，如此周而复始，令人烦恼。我是从事医药研究工作的，明白医院也没有什么更好的办法，唯有进行合理的运动与自我牵引。

2008年以来，我先后学习了陈、杨、吴式的十多套传统太极拳套路，尽管很努力，却始终没有真正找到心目中的传统太极，我彷徨于太极拳的十字路口。

2019年5月，在朋友的引荐下，我怀揣试试的想法参加了薛文宇老师的太极周身行气法的线上教学。因为年轻时搞宣传工作的需要而造成至今背部一直是保持笔直的样子，导致气一直上滞于胸部。所以在学习中，不断领悟薛老师反复强调的"屈膝、松腰、落胯、含胸、拔背"的要点，反复告诫自己在练习时一定要"逼弓"背部。

令人意想不到的是，通过不懈的练习，身体状态竟然发生了极大的变化。原本挺直的脊背形成了背弓，横膈膜开始能够下降，胸部的横气也就渐渐沉了下去，晨起头晕的现象也消失了。真可谓"众里寻他千百度，蓦然回首，那人却在灯火阑珊处"。

我感慨太极周身行气法的妙用。不断地尝试着从这个角度去体验生命的新方式，去重塑生命的另一番价值，常常会意外地获得一份久违的轻松与舒畅。

感恩薛文宇老师用他的青春年华与心血所书写的太极新篇

章——太极周身行气法无私地奉献与惠泽于我们！

江苏南通　王宇华

我是2019年7月参加太极周身行气法线上学习的。通过仔细聆听薛老师在网上对周身行气法每一个动作的精致讲解和田丽秀老师的标准示范，我认真地学习，使我的身体有了微妙的感觉。

原来我的坐骨一段经常疼痛，可做了太极周身行气法后，疼痛感减轻了，我觉得这个功法有效，一定要坚持。10月的时候得知薛老师在嘉善举办培训班，就马上报名参加了线下培训，现场倾听了薛老师的讲课。通过这次学习，让我练习太极周身行气法的效果更佳。

2019年12月我又参加了复课，再次有幸接受了薛老师的指导，使我的学习又上了一层楼。本来我的腰疼到了冬季是要用暖宝宝的，可是今年还没有发生腰疼的现象，而且我在练周身行气法时一直听着薛老师的口令引导：轻轻地、柔柔地、一节一节地放松腰椎、胸椎、颈椎、抬头……

在这个过程中，自己的腰部很舒服，发热，好像在做理疗，我想就是因为这样疏通了经络吧！总之，经过近半年的练习，我深深体会到，太极周身行气法是一个好功法，薛老师是一位好老师。我们能走进李氏古传太极的大家庭，说明我们有缘。一切随缘而遇，随遇而安。

江苏苏州　何国平

我是江苏苏州的一位太极拳爱好者，今年68岁了。因身体原因，2015年开始学练太极拳。当时我肝功能异常被定性为早期肝硬化，血糖也超高，还并发甲亢等多种慢性疾病。还有腰椎、颈椎病弄得我睡觉不能翻身，下床不能走路，手抬不过头。家人及亲戚朋友当时都认为我的生命为时不多了。

为了健康地活下去，我决心要跟师傅学拳，但因太极拳比较难学，加上我体质不允许，几度想放弃。但不甘心的我整天还是在百度上寻找"灵丹妙方"。凡是各种气功、健身操、太极拳法我都会认真看上几遍，也学会了几套简单的功法，如张广德老师的健身气功。直到2019年的春节，无意间在网上关注了公众号"太极秘密"后，深深地被薛老师的文章所吸引，觉得自己有救了。

那年春节，薛老师在网上推广了一套"太极周身行气法"的公益课程。我立即就加入了江苏学习群的学习，在辅导老师的精心辅导下，我克服了身体的各种不适，经过了三四个月的学习，顺利学完了全套14个动作。然后就自己天天不间断地练习。哈，不知道从什么时候开始，腰居然不怎么痛了，手能自然地抬起来了，人也精神起来了。

有一次师傅看见我又在"摸鱼"（那时候女儿、女婿称为摸鱼），站在旁边看完后说："好功法！要坚持练！"得到了师傅的肯定，更坚定了我的信心，从此我天天必练太极周身行气法。在女儿、女婿、师傅的支持下，我又参加了国庆期间和12月的线下培训。又学习了老师的太极周身行气法的下部功法。现在大家都说我不再像有病的人了。

上个月中旬我去医院做体检（住院彻底全面体检），发现肝功能正常了，血糖也正常了，甲亢也没有了。一直给我看糖尿病的医生惊呼，"不知道你怎么会把血糖控制得这么好的"。非要我介绍控糖经验。我就告诉她我天天必练太极周身行气法。这个医生让我在病房里演示了一遍后，直夸好！她说要是能推广到医院里来，会减去病人的好多痛苦。可惜我住院时间太短，没能如愿，真感遗憾！

在这里我要感谢薛老师的好功法救了我。"好功法！要坚持练！"我牢记师傅的郜诲，决心让李氏古传太极陪伴终生！

江苏苏州　邹玲玲

我是做过两次大手术的人。在练习太极周身行气法之前身体很虚，一动就全身出汗。每天浅睡眠4～5个小时。我从2019年2月开始练太极周身行气法，到当年夏天我的身体状况有了很大的改变。每天晨练完毕，不再是以前的大汗淋漓而仅是微汗。每天睡觉虽然还是4～5个小时，但却是深度睡眠，睡醒后精神状态特别好。

由于我身体和精神方面的变化，感染了我身边的人，现在每天早晨都有十几个人跟着我习练太极周身行气法。我们大家在不同程度上真的感到太极周身行气法的好，让我们受益匪浅！但要想受益就必须要有信心和恒心，坚持练习。谁练谁得！加油！

河北邯郸武安　孙跃平

我是2019年接触到太极周身行气法的。通过习练太极周身行气法，将我的肩周炎及失眠调理好了，提高了我的身体免疫力，改变了我的亚健康状态。

刚开始学习时，身体并没有什么不同的感觉，只是觉得这是锻炼身体的一种方法而已。但是随着练习时日的增加，我的身体不知不觉开始发生了变化。

刚开始是脚下热了，逐渐手也热了，最为明显的是有一次我在做醍醐灌顶（肩部纵圆式）的时候两掌既热又有麻酥之感。

我的睡眠质量提高了。练习太极周身行气法后不知不觉我睡觉的时间增加了，而且醒来后脑子很清晰，睡眠质量提高了，这使我很高兴。毕竟我才练不到一个月的时间就改变了我多年来的困扰，从此我就不间断地坚持学习和练习，慢慢地我的肩周炎和膝关节炎也都得到了很大的改善。

我练习太极周身行气法一年半的时间后，以前的颈椎病、肩周炎、膝关节炎、失眠症都与我无缘了，以前的亚健康消失了，感觉每天都精力充沛，感冒也不再像以前那样经常光顾我了，所以我非常感恩薛老师传授的太极周身行气法，它是既经济又实惠、老少皆宜的好功法，值得我们好好学习和练习，而且既锻炼了身体又节省了经济开支，自己还少受罪，对亚健康的人群而言是个解决自身问题的极好方法。感恩薛老师！

山东淄博　夏侯会宪

我是自2019年3月开始线上学习太极周身行气法的。经过一年多时间的感知、感悟，我认为太极周身行气法确实是一门健身养生的好功法。

我本人是多病患者（脑溢血后遗症、糖尿病、3～4节椎间盘膨出、4～5节椎间盘突出），但是通过这部功法的练习，我的这些病症都大有改善：一是空腹血糖已经能够控制在6.5左右；二是腰椎部位感觉行动基本达到了自如的程度，过去穿鞋要踩着凳子，现在蹲起已经自如；三是脑溢血后遗症造成手指伸不直，现在基本都能伸直了。

以上是我学习太极周身行气法的收获。在此我要真诚地感谢太极周身行气法给我带来的身体变化。特别要感谢薛文宇老师大爱传播太极周身行气法这么好的一部功法。感谢蔡丽华老师平时不辞辛苦地言传身教。我决心坚持练下去，而且要做个正能量的传播者，让身边更多有需要的人跟我一样受益。

辽宁抚顺　夏玉春

2019年2月下旬我开始学习太极周身行气法。学习这部功法之前，我的膝、腰都有问题，下楼膝部会痛，坐车超过半小时腰就会不舒服，更严重的是冬天我的手脚特冰凉（有时候脚上还会贴暖宝宝，背部也会贴暖宝宝）。

可是自从掌握了这部神奇的功法后，到了2019年下半年的冬天，我的手脚随时都是热乎乎的，一个冬天没贴过一张暖宝宝，现在上下楼的时候膝盖也没有任何不适的感觉了，坐车连续三四个小时也没问题，晚上有时能够一觉睡到大天亮。

身体上带来的变化让我现在特别爱练这部功法，以至逐渐增加了对古老的太极的酷爱。现在做这部功法时，两手胀胀的，脚心发热，会感觉身子内在的开合与手上的开合融入到一起，真的是沉醉于其中而不能自拔。在此深深地对薛老师说一声，感谢您！

四川武胜　张利华

我于2019年3月在北京跟随薛文宇老师学习太极周身行气法等功法，到今天除特殊情况外，每天都坚持练两遍。这个功法的好处真是太多了，一天不练，就觉得没过好这一天。下面我说一下我的亲身体验。

第一，随时随地可以练，1平方米的地方即可，风雨不妨碍。

第二，男女老幼都合适，没有难度大的动作，就像放松身心、伸懒腰一样，花20分钟就能把全身的气血调动起来，一身轻松，精神饱满。

第三，我的颈椎因看手机过多，脖子僵硬，引起头脑不清爽，却在习练中不知不觉变好了。

第四，年轻气盛，在家干农活伤到了腰，天气变冷或下雨，腰就提前预报了，疼痛加转动不利索很不得劲。通过一段时间的练习，腰肌劳损的这种症状得到了明显改善，现在好多了。

第五，多年以前想通过学练太极拳健身，因没有明师指导，把左膝盖扭伤，造成下蹲等活动受限，练完太极周身行气法后，摸摸两膝处都是暖暖的，左膝好了很多，加上按照薛老师平时教导的正确方法练习，自己也变得较之以前强壮了。

第六，练太极周身行气法，能起到腾筋腾膜、抻筋拔骨的功效。原先在练拳时要先压腿、踢脚，两三天不压腿就疼痛，自从练了这部功法后不但浑身舒服，而且筋也不会回缩。

山东省潍坊　窦秀连

我于2020年3月中旬接触了薛老师的太极周身行气法。在这之前我有腰椎间盘突出、坐骨神经痛等病症，导致右腿经常麻木、困疼，给生活带来了很多不便。另外，自2015年12月左小腿骨折，术后4年多左脚踝和脚尖经常是冰凉的。但是通过4个多月对太极周身行气法的学习，我身体以上的病症都有了明显的改善，之前的木、麻、躁、疼等感觉基本消失，另外左脚踝和脚尖也不再有冰凉感。感谢薛老师的大爱，把这么好的功法教给了我，使我受益匪浅。我要坚持学习锻炼，也愿意把这部功法传递给更多人，使更多的人受益。

河南洛阳　李红霞

我在接触太极周身行气法之前，体瘦，精神不振，毛病较多。膝盖疼痛厉害，特别是春夏时不能轻松行走；腰肌劳损不能久坐；睡觉不安稳、梦多，记忆力下降明显；肠胃不太好，经常拉肚子……

2019年7月开始学习薛文宇老师的太极周身行气法，于同年11月参加了薛老师在苏州举办的线下培训，对习练这部功法有了更进一步的认识。

通过一年来线下、线上的学练，我的身体状况有了明显的好转，特别是精神方面。了解我过去身体情况的人都说我气色变好了，我自己也发现行走时膝盖不疼了，腰也舒服了，能久坐了，睡眠质量也比原来好多了，记忆力也增强了许多，肠胃功能得到了明显改善，大便正常了，做事、走路、练拳都不觉得累，感觉越练越轻松，越练越有劲。因为我身体发生的一系列好的变化，渐渐地影响了我家先生、我的同学和朋友，他们也陆续跟着加入了太极周身行气法的学习队伍中。在此感恩老师传播的功法给我带来的莫大的益处。

湖南娄底市　张艳秋

我是2019年3月开始学习太极周身行气法的，现在已有两年多了。练太极周身行气法让我的身体有了很大的变化。

我原本是一名建筑退休工人，从事体力劳动还是带水作业，时间一长身体就出现了很多的毛病，如风湿性关节炎、腰肌劳损、手脚冰凉。晚上睡不实，睡眠质量不好，为此也想了好多办法但都没有功效。从2019年开始学习太极周身行气法，我的身体才慢慢地开始有了好转。

我每天早晚坚持练习3次，从没有间断，直到现在我身体的感觉都很好，两年多都没有感冒过了，晚上睡眠也非常好，能达到6

个小时的深度睡眠，现在还得要闹钟提醒才能早起练功。练功时手脚很热还出汗，身上再也没有出现过关节痛的情况。

刚学的时候我的左手有点痛，抬不起来，穿衣也不方便，练了半年后也不知什么时候手就不痛了，真是奇迹！我非常感谢李氏古传太极这部功法。感谢薛老师把它传授给我们，我永远都不会忘记薛老师的恩情。

湖南桃江　龚建华

2019年的某一天，我偶然在手机里看到了薛文宇老师的太极周身行气法的教学视频。我好奇地打开来看了一下，里面提到练习这部功法对身体各个方面的好处，而且还有多年的顽疾被明显改善的实例等。

看着薛老师的教学讲解视频我有点蠢蠢欲动的感觉。薛老师讲解得那叫一个细啊，而且通俗易懂，于是我就跟着薛老师的讲解做了起来。

一开始感觉有点不顺，后来逐渐就顺了，而且感觉还不错。当时只做了第一式，做了几遍觉着全身还挺舒服的，因此我决定跟着老师学下去，我也想验证一下这个太极周身行气法是不是真的对身体有好处，是否真的对一些疾病有改善的作用。

从那以后，我每天晚上跟着薛老师的教学视频学习、练习。练着练着，我觉得确实有点神了——在我学习了大概有六七式的时候，感觉到我的身体有了明显的变化。

我有腰肌劳损的问题，加之十几年的坐骨神经痛，吃药打针、针灸按摩，什么办法都用过，可都没什么明显的效果，坐时间长了就站起不来，好不容易站起来了还得缓几分钟才能走路，路走多了腰就痛得直不起来，更不要说做家务了，连弯腰都不行。

不但腰痛，坐骨神经也痛，一度以为自己得了股骨头坏死！这些病痛折磨了我十几年。而我练薛老师教的这个太极周身行气法并没有多长的时间，这些老毛病就有了明显的改善——腰没以前那么痛了，活动也不像以前那么僵硬了，身体也轻松多了，还真是神了！

从那以后，我只要没事的时侯就会跟着老师的视频学习，早上在公园里练，晚上在家跟着老师的教学视频练。就这样，我把老师的太极周身行气法学完了。我现在还是天天练习，从不间断。

现在，我十几年的腰肌劳损、坐骨神经痛真的好了，全身轻松，家务活也能干了，走路也不腰痛了，还经常出去旅行。我知道我遇到了贵人，如果不是在无意中看到了薛老师的太极周身行气法的教学视频，如果不是我对太极周身行气法的功效产生怀疑想证实一下，我可能就错过了这么好的功法，继续受着病痛的折磨。

今天我受益了，薛老师的太极周身行气法使我终身受益。衷心地感谢薛老师，是你让我体会到了练习太极周身行气法带给身体的好处。

我没多少文化，水平也不高，但我还是要说句心里的话，薛老师的太极周身行气法确确实实是个好功法。我是深有体会的，只要你用心学、用心练就一定能受益。而且薛老师的课讲得非常非常好，通俗易懂、风趣幽默，让人在轻松快乐的氛围中就完成了高质量的学习。感恩薛老师教给我这么好的功法。

江苏徐州　陈黎明

我是从2018年11月20日开始学练太极周身行气法的，每天坚持早晚练习两次，每次半个小时的时间。练习一年半后，我的身体发生了极大的变化，体质得到了彻底的改善，身体的机能变得更加年轻，这部功法让我非常受益。在此特别感恩薛文宇老师的传授！

在练太极周身行气法之前，我的身体有一些问题，如颈椎经常僵硬不舒服，导致头晕头沉；用腰不注意会出现酸痛；多年的荨麻疹，长期服用脱敏药不去根；腿脚沉重，平衡力差；睡觉半夜醒来好久才能再入睡等。

自接触太极周身行气法之后，我就按照老师课件的要求认真习练，每天坚持。练着练着就觉得脚底板发热，浑身血流加速，微微出汗，然后就觉得身体很通透，颈、腰、肩、肘、手、胯、膝、踝等各个关节越来越灵活，特别是整个脊柱可以一节一节地放松，再也没有之前僵硬酸痛之感了。

逐渐地，身体产生了神奇的气感，内气也随之生成了。在内气的作用下，五脏六腑得到了按摩，不通的经络也被打通了，之前的很多病症也都随之消失了，脱敏药也停掉了。浑身有使不完的劲儿，这种感觉真好！

这套太极周身行气法真的很神奇。经过一段时间的认真体练，我不知不觉地就改善了体质，身体各项机能变得更加强壮。我将这套功法分享给了我的家人、同学和朋友，带动了一些人一起来学练，他们也都受益了。我非常愿意积极传播这套太极周身行气法，让更多的人从中受益！

安徽合肥　马伯香

附录　太极周身行气法受益案例

我于2018年3月在公园晨练时偶遇过去的拳友，他向我推荐了薛文宇老师教的太极周身行气法。同年6月，我抱着试试看的心态报名了薛老师的线下培训。同年11月，我再次参加了丽江的线下培训。

经过两次的线下学习和半年的练习，彻底解决了我因腰椎间盘突出引起的右侧股骨头疼痛和经常性的腰椎关节错位，以及因练习24式太极拳不当引起的膝关节疼痛的问题。

在学练太极周身行气法之前，我不能做家务，弯腰就会酸痛得不行，上公交车、上楼梯的不抓把手就上不去。而现在的我能抱着孙子随意玩耍，能挖地除草，能干所有家务活，能爬山旅游，跑、走轻松自如。我将用这套功法陪伴我的终生。

宁夏银川　肖艳芳

我是2019年2月开始学习这部功法的。经过一年多的坚持习练，受益匪浅。

习练太极周身行气法之前，我是典型的"亚健康"体质，健康体检虽显示没有什么大毛病，但就是浑身不舒服，整天无精打采。特别是在北方地区供暖期开始之前和供暖期结束之后的20多天的时间里，四肢和后背从里往外"冒凉气"，晚间经常被"冻醒"，难受至极！

自从习练太极周身行气法之后，"冒凉气"的部位开始一点点地好起来，有时还有暖暖的感觉。原来的腰间盘突出和腰肌劳损症状有了明显改善，原来每年至少发作2次的腰脱现象至今一次都没有复发！

值得一提的是，在2020年的新冠疫情期间，太极周身行气法伴我度过了一段充实而快乐的时光，我每天在家都坚持练习一个小时以上，睡眠质量明显改善，精神头十足！我非常感谢薛文宇老师能把这么好的古传功法公布于世，惠泽众生！谢谢！

辽宁沈阳　腾跃

本人有20年左右的失眠症，主要是由劳累过度、精神压力大引起的，最严重的时候还得了抑郁症，非常难受，无法用语言表达。

因失眠多年，加之年龄的增长，各种毛病纷纷找上门，病痛不断，从2017年起我的身体开始走下坡路，体检两肺磨玻璃节结，走在危险的边缘。整天昏昏晕晕，还曾在一商场晕倒，左脚严重骨折，当晚就动了手术，在养伤期间，我的心是痛的，感觉自己的人生已走到尽头。

2018年一次偶然的机会，我看到了公众号"太极秘密"中的文章。抱着试试看的心态，报名参加了薛文宇老师在5月办的功法培训班，回沪后便在家练习这套道家周身行气法。在习练3个月后，我感觉自己安静了，睡眠改善了。

随着练习时间的推移，半年后的某一天，我突然发现好像头不晕了，没用任何药物治疗，居然不知不觉地告别了几十年的失眠症，吃得下，睡得香。检查从三个月一次到半年一次，再到现在一年检查一次，病情稳定。谢天谢地，感恩老师，感恩相遇，感恩上天给了我这次不亚于重生的机会！

我的体会是，这部功法不仅对人体有着真实的功效，它还不占场地，无论是在家里还是在办公室等任何地方都可练习。通过练习，可身体松静，内心安宁，告别烦躁，是运动的最佳选择，年轻人练习它可以告别亚健康，老年人练习它可以减轻病痛烦恼。

我会把这套功法一直练下去，和我一起终老。感恩祖先的智慧！感恩所有传播的老师！

上海　叶盈翠

在2017年结缘薛文宇老师之前，我患腰椎间盘突出已有三四年的时间。自从跟着薛老师学习了太极周身行气法，感觉腰的命门处滚烫，继而带动浑身发热，使全身都有种通透感。

习练这套功法前，我出门就得骑自行车，不能步行，走一会儿就得坐下来休息老半天，而现在，通过练功我感觉浑身轻松，可以走着去两里地以外的公园练功。这几年我每天坚持早晚练功，越来越离不开太极周身行气法，它已经成了我每天必须坚持的生活内容。

更为神奇的是，2019年3月，我在外地的工地打工，由于劳累过度得了一场大病（心脏病），心力衰竭，大夫说我是30岁的体质70岁的心脏，都赶不上一个老头儿，当时我听后比较沮丧，心里的那种失落感是难以言表的。

在最无助的时候我忽然想到老师教我的好功法，我就暗下决心，早上练一个小时，晚上练一个小时，每天风雨无阻地坚持练习太极周身行气法和老师教的另一个功法——无极桩法。结果转机竟然真的出现了。

练习不到一年，2019年11月我去医院复查，我的心脏竟然奇迹般地好了。直到现在，我药也不吃了，浑身还充满了通透劲，朋友、亲戚见面的时候都说我的气色比以前还好。我真的感谢我的恩师薛文宇,把这么好的功法传给了我,使我全身的病痛一扫而光!

河北沧州　常炳涛

我在46岁那年头部长了一个听神经瘤,万般无奈之下在医院做了开颅手术。可怕的手术后遗症造成了我面瘫、口齿不清、腿脚不灵以致经常摔跤,我不得不提前退休在家修养。漫长的疗养日子中,渴望恢复健康的我始终在寻找适合我的康复锻炼方法。

2018年9月14日,我抱着试一试的心态参加了薛文宇老师在成都举办的太极周身行气法学习班。我认真学习、细心揣摩,终于把动作学会了。2019年2月,又参加了薛老师举办的周身行气法公益活动,意在学会、学好。在日复一日、年复一年的练习这部功法的过程中,我的身体也发生了许多意想不到的变化,真的是受益匪浅。

一是周身松柔。由于生病以后常年居家休息,运动量少之又少,所以我身体僵硬。在学习的过程中,薛老师曾说,要在自然状态下保持自然放松,这个功法不需要抻筋拔骨,每个动作都是圆的运动。按照这个原则每天坚持练习的我惊讶地发现,自己的身体每天都有不一样的感受、变化,不知不觉中竟变得非常松柔了。这套功法锻炼了周身的每一个部位、关节,让我僵硬身体的各个部位灵活了起来。

二是治愈便秘。我有多年便秘的毛病。生病以后活动量减少使得便秘更加严重,经常5天左右才排便一次。自从开始学练太极周身行气法,一个月以后我能经常排便了,两个月以后我基本是天天如厕。有一次我和家人出门旅游,几天没有练习太极周身行气法,结果一连几天没有排便。旅游结束回家以后,天天练习太极周身行气法，我又能天天如厕了。所以我坚信是太极周身行气法解决了我的便秘问题。

三是气血通畅。生病之人气弱气短，血液流速慢，直接反馈的体表之象就是手脚冰凉。我在练习太极周身行气法之前就常手脚冰冷，练习半年以后就不觉得手脚冷了，现在练习完太极周身行气法手脚还会发热呢！

由于太极周身行气法不需要多大的练习场地，所以不管刮风下雨我都坚持练习。现在的我虽然还不像正常人那样健康，但是我已经找回了自信，坚信身体在太极周身行气法的陪伴下会越来越好！

四川成都　郑丽娜

我曾经是一名部队的篮球教练，20年前因身患腰椎间盘突出、椎管狭窄、关节滑脱，致使长年在疼痛中生活。期间做过小针刀手术及各种理疗、医疗、运动锻练，可都无法使我完全恢复健康！

2019年4月7日，恩施的付老师来武汉朋友这里玩，使我有幸结缘了薛文宇老师的太极周身行气法。之后我每天坚持4次的练习，练习了大概7个月，虽然在锻炼中反反复复地出现疼痛，可我咬紧牙关坚持不懈，从没停止过一天，因为我太渴望健康了！

随着练习对身体改善效果的不断加强，我终于知道了一个事情，那就是像我这种腰部重症患者平时的疼痛跟练功后的恢复性疼痛反应是有明显区别的。我现在的腰病已经痊愈，也终于拥有了健康和快乐！我真的非常感谢薛老师传播太极周身行气法，让我们获得了健康、新生！

湖北武汉　郑来成

我在2020年1月通过拳友的推荐结缘了太极周身行气法。从一开始接触，我就喜欢上了这部功法。慢慢地就感觉到太极周身行气法是一部好功法，它能使你的身体快速产生气感。

薛老师要求每一个动作在练习时必须做到慢、匀、缓，在练习的过程中能让人体会到什么是轻柔匀缓、节节贯穿、以腰带四肢、以心行气、以气运身的感觉。

通过学习和练习，我还认识到太极周身行气法对很多病症都有明显的改善作用。练习它能够疏通经络、调气血、调理五脏六腑，有助于推动血液流动的流通。虽然我的身体很健康，没有什么改善的体会，但是我身边有很多人确实通过练习获得了十分显著的功效。

因此，欲要身体好，就要气上找；要想能长寿，气壮血不锈。可见壮气、行气的重要性。我是认准了这套功法的好处多多，我会一如既往地坚持下去。正如薛老师平时所说的，谁练谁得，谁练谁知。

内蒙赤峰　高学丛

2020年3月，我经拳友介绍参加了太极周身行气法公益课的学习。学习前我有些担心自己学不好，因为我有慢性腰肌劳损的毛病，尤其是开始学摆尾势时，因怕腰痛不敢做，后来在拳友的鼓励下才勉强做下来，虽然做的时候觉得腰间有些不舒服，但我还是坚持练了下去。

练到5月份的时候我就有了一些奇妙的感觉，腰痛的感觉慢慢地减轻了，做躯干的运动也很轻松，而且手的气感很明显。比如做仙人指路等功法时，手臂上抬和合抱时都能感觉到手有很大的阻力，运动时两手是沉甸甸的。有时又感觉有一股外力在推动着手臂的运动，而且始终感觉手心好似捧着一团棉絮，又轻又柔又暖，舒服极了。

我坚持天天练习太极周身行气法，每天都会练上几遍。我真切体验到太极周身行气法是一部神奇的功法。感谢薛老师将这么神奇的养生功法无私地传授给我们，为我们带来了健康和幸福！感恩薛老师！

海南屯昌　黄德昭

我是从2017年5月开始结识太极周身行气法的，至今4年有余。在这4年的习练中，我已经深深地爱上了它。

没有结缘太极周身行气法之前，我感觉自己身体各方面还不错，可其实已进入亚健康状态。譬如有时腰部容易疲劳酸楚，精力不充沛，全身感觉疲劳，容易上火，两眼还容易闹眼疾，还时不时便秘，全身各个关节也不那么灵活，肌肉还有点僵硬。

面对这些亚健康状况，为了增强体质，我参加了一些其他方式方法的运动锻炼，如抻拉、踢腿以及放松松柔的锻练，以提高健身的功效。

通过这些运动，以上问题有所改观，但是并不理想，问题没有得到有效解决。也是在寻求健康的过程中，我结缘了薛老师的太极周身行气法。

通过这四年多对太极周身行气法不间断的习练，我现在体松身柔、关节圆活、精力充沛，腰部容易疲劳酸楚的状况完全消失，身体容易上火和闹眼疾、便秘等一系列问题也全部消失了。

在练习中，整个人身心气血通舒、心情舒畅、中气充足，陶醉在整个功法中，身心无比愉悦，飘飘欲仙，尽享其中。那种感觉无法言表！真是不练不知妙，谁练谁知晓，不识无限风光好，只缘没在此功中。

这个时代是分享的时代，为了让更多的人摆脱非健康和亚健康的问题，我受益了而不敢独享，故分享此文。在此也深深地感谢薛文宇老师为国民健康所做出的正能量之举，此功功德无量，每个练习受益的人都不会忘记。

河南濮阳　李随科

我在退休前是一名企业的高层管理人员，由于长期超负荷的工作以及不规律的生活，在职期间患有严重的腰椎间盘突出症，并且"三高"严重，身体一直处于亚健康状态。更为严重的是，2010年由于一次工伤事故导致股骨头坏死，被迫进行了股骨头保头手术，后期被鉴定为骨科八级伤残。刚刚53岁的我被迫离开工作岗位内退在家。

也是在那个时候我真正地认识到健康的身体对一个家庭的重要性。为了能够提高生活质量，我开始四处寻觅，找寻适合自己身体康复的锻炼方法。2018年的一个偶然机会，我结识了薛文宇老师力推的太极周身行气法，7月份便成了老师的线上会员，10月份参加了其在北京怀柔举办的线下学习，2019年又参加了两次线下培训。

在老师的指导下，我的太极周身行气法的动作越来越规范，上下相随、以腰带手、以意领气，气感越来越强烈。早晨练完，一天都神清气爽。

两年来，我每天坚持习练太极周身行气法4遍，感到了明显的效果，腰椎间盘突出、股骨头坏死引起的腰腿疼痛现象基本消失，高血糖也得到了逆转，血脂基本恢复正常，只有血压还稍微高一点儿，亚健康状态得以康复。

现在精神状态好了，不但不再给家人增加负担，还能够为家庭做贡献，家庭和睦，快乐无穷！余生我将与太极周身行气法为伴！

河北张家口　宋长海

我和太极周身行气法的结缘是个偶然。2019年8月，我在公园锻炼时不小心摔了一跤，造成右臂肘关节骨折。在家修养了一个多月后，我在闺女的陪伴下去朝阳公园散步，散完步准备出公园的路上偶遇了李氏古传太极的李秀玲老师正在练习太极周身行气法，我被李老师那上下相随的优美动作深深地吸引，于是等李老师做完整套动作后上前询问，像我这样零基础身体又不好的人能不能跟她学（当时还没有拆石膏）。李老师热情地答应了我！

自此我每天散步回来都会在李老师练功的地方驻足观看。每次李老师都细心地指导学员的每一个动作，老师的敬业精神和对学员负责的态度深深地打动了我，慢慢地我就拽着一只"残臂"跟着老师比划了起来。开始时腰也弯不下去，单腿也站不稳，随着学习的时间加长，我发现困扰我多年的腰酸背痛的情况没有了，胳膊的痛觉也慢慢地缓解了。经过一个多月的学习，我基本掌握了整套动作。

通过学练太极周身行气法，还改善了困扰我多年的睡眠问题，赶跑了我腰酸背痛的老毛病，我的胳膊也很快得到了恢复……太极周身行气法改变了我的生活状态，使我获得了健康，感谢薛老师，感谢李老师！

北京　宋懿玲

我退休前曾是一名教师。由于平时工作的压力很大而没有顾及养生锻炼，还没退休身体就发出了好多求救信号：颈椎病、腰椎间盘突出，坐电脑前脚发肿，心肺功能差。

2018年，我通过一位拳友推荐的公众号"太极秘密"结缘了我们的薛老师，从此开始了太极周身行气法的学习。一开始跟着薛老师的课件视频练习躯干的动作时，身体就舒服了许多，于是我决定参加线下的学习培训。在后来的不断习练中，我几十年僵直的身体各关节得到了拉伸、开发，颈椎病、腰椎间盘突出好了，气血也通畅了，心肺功能改善了许多，脚趾甲比以前光滑了，精神状态也不错。

值得一提的是，跟我一起练习的聂秀飞属于特殊人群，比我小2岁，由于生病失去听力，习惯了在安静的环境里生活，每天她就这样跟着我练、看着我练，有时站着观察，有时坐在那儿想、悟。开始时我不敢教她，后来还是被她那股积极好学的精神打动了，不时动动她的手脚，慢慢地她的动作开始有形了。

她就这样一天天地坚持，有一天我们一起回家，她向我汇报了练功的收获。通过每天练习太极周身行气法，她收获太大了：原来免疫力差，总是感冒，现在也不感冒了，肩背不适也好了，家里的好多按摩器用不上了，老公和女儿也不用给她按摩了，原来家里三张床，躺哪张床都睡不着，现在睡眠质量也提高了；身体偶有不适，第二天练习几遍周身行气法就完全好了。现在她对这套功法着迷了，整天乐乐呵呵的，这说明太极周身行气法对免疫力的提升确实有意想不到的神奇功效。

贵州毕节　罗昌美

2020年3月，我通过蔡丽华老师了解到李氏古传太极，然后开始练习。当我第一次看见蔡老师做示范，看到李氏古传太极缓慢、柔韧而不又失刚劲的系列动作，我的内心就告诉自己："这个就是我想要练的太极。"

几年前我曾练过杨式八十五式太极拳，由于当时自己不得要领而引起腰部旧伤复发，就没敢继续练下去，我以为自己是由于腰椎间盘突出、颈椎间盘突出、膝关节半月板损伤等身体问题不适合练习太极拳。后来通过蔡丽华老师对太极周身行气法的细心讲解与教授，我愈加地感受到李氏古传太极对我身体的益处。

自我练习这部功法后，我和我爱人一起看到了我身体的变化。原来我每天贴着膏药行走，步行5楼要休息2次，现在上楼不需要休息，腰、腿不贴膏药即可轻松行走，而且练着练着手和脚都有麻麻胀胀的感觉；原来一年四季手脚冰凉，现在手和脚有了温热感；原来早上如厕时有些便秘，现在如厕时特别顺畅、干净。

这些变化都让我十分肯定，练习这套太极周身行气法真的可以让人恢复元气并远离病痛，让身体健康起来。我爱人也从最开始的例行公事的陪伴，转变为自发性的钻研学习。明显的变化鼓舞了我和我爱人的学习积极性。所以，我们准备继续追随薛文宇老师，要一直这样练习下去。

辽宁抚顺　李冰

我是2019年初在线上跟着薛老师学习太极周身行气法的。因为是太极零基础的学员，我一开始对太极的一些术语懵懵懂懂、迷迷糊糊，是薛老师浅显易懂的课件吸引了我，是线上辅导老师诲人不倦的教学态度感动了我，才让我有了学习太极的信心和热情，很快就过了太极周身行气法的入门关，并且爱上了这套功法。

天天做太极周身行气法，我的身体素质有了明显的改善。原来，因为腰肌劳损、腰椎间盘膨出，所以我早晨醒来就会腰疼，在床上躺不住，必须马上起来，冬天手脚冰凉，晚上睡眠也不好。通过天天做太极周身行气法，我现在腰不疼了，冬天手脚也热乎了，睡眠也改善了，而且还发现身体没有了以前的那种僵硬的感觉。真的感谢薛老师传播这个太极周身行气法。

山东济南　付淑芹

我生于1945年8月15日，是2019年3月份练习太极周身行气法的受益者。我从小体弱多病，一年四季手脚冰凉，还有严重的肩周炎，经常肩背痛，两手没有力气，擦油烟机也无法抬手，晾衣服的竹竿也拿不动，无法做家务，由于颈椎病压迫，时常会引起头晕。

在小姐妹的介绍下，我参加了太极周身行气法的学习，练了大概有两三个月，身上的病痛不知不觉间一样一样地消失了，手脚也不冷了，浑身感觉热乎乎的，肩背也不痛了，头晕也好多了，现在正在恢复中。身上的病痛基本稳定了，让我感到非常高兴，对生活的前景也有信心了，所以我要把这套功法一直练下去，来陪伴我的余生。感恩太极周身行气法！感恩祖先的智慧！

上海周浦　王淑梅

我生于1957年3月3日。由于年轻时劳累过度、精神压力大，因此随着年龄的增长，各种小毛病也就纷纷找上门来了，致使病痛不断。

我的双腿有静脉曲张，不能长期站立，膝盖有骨质增生，蹲不下去。2018年5月，我在仁济医院还做了左腿的手术。多年喜欢锻炼的我正在发愁时，2019年3月，一次偶然的机会，经好朋友介绍参加了薛文宇老师的太极周身行气法线上公益活动。

通过坚持练习，原本蹲不下的双腿现在也能蹲下去了，真是收获满满。太极周身行气法的确很是神奇！在我的身上的另一个神奇效果就是，我脸上原来患有皮肤性角化，曾做过两次手术，2019年8月，额头旁边又出现了症状，于是我去了医院皮肤科就诊，医生看后说要做门诊手术，我就办好了手续，交了手续费，等待医生一个月后的通知。

当时我天天都在练太极周身行气法，在不知不觉中，症状竟然慢慢变小了，半个月后症状没有了。我去医院看医生，医生也很惊讶，感到不可思议，症状没了还做什么手术啊，所以，手术费就给退回来了。我当时别提有多开心了，那种心里美真的无法用语言来表达。

练习太极周身行气法的好处多多。练习时按照薛老师要求的静、松、稳、匀、圆、慢等要领去做，浑身就会热乎乎的，有十分明显的气血通畅之感。习练这套功法所能够给我们带来的不仅是身体健康，还有心灵上的健康，让我们的身心始终能保持在正念、正行的路上，谁练谁知，谁练谁得。我会一直习练这套功法直到老去。感恩祖先的智慧！感恩所有帮助过我的传习者。

上海周浦　谈美君

我1962年出生，今年59岁。因为锻炼不得要领，膝关节疼痛，上下楼经常要横着走。以前"坐月子"受过风，身体左侧半边跟右侧不是一个温度，一到冬天就能感觉到好似有凉风从裤脚、袖口往里钻；手脚冰凉，夏天不敢吹电扇，冬天特别怕冷。

自从2018年底开始学习太极周身行气法至今，身体已经逐渐不再怕冷了，手脚也开始发热了，膝关节也不再疼了，左侧身体的温度也感觉恢复平衡了。

在一起练习的李香云姐姐在这之前有严重的腰椎间盘突出，几乎什么方法都用了，可就是不见好转，早晨起床要双手趴着床头，双脚勾着床尾经过十几分钟才能慢慢起来。刚学太极周身行气法的时候还要带着护腰，小心翼翼地做动作，而现在已经行动自如，再也没有起不来床、带着护腰练功的情况了。

我们是太极周身行气法的受益者，感恩遇见这么好的功法，不管是身体上和心灵上都得到了极大的改善，真心的希望人人都能学练这部太极周身行气法，有益无害是肯定的。

河北任丘　郑青

我叫李红梅，1971年出生，祖籍江苏连云港，现居苏州。人到中年的我忘记是什么时候造成了腰椎间盘突出，严重时连吃饭睡觉都困难，虽然四处求医问药，但都没有什么好的效果。

2019年6月底的一个傍晚，我来到苏州光福文体中心广场想散散心，远远看到一群穿着太极服的人在拉大圈做着一些动作。当时我心里就想：这个看上去我可以学会。于是我走上前去加入了圈圈，然后听着老师的口令，模仿着老师的动作跟着做了套太极周身行气法。

只一个晚上的模仿练习，我的腰竟然感觉较之前有了明显的好转。我当然开心极了——腰痛折磨得我大概两年都没有那样轻松舒畅过了。那晚我一觉睡到太阳东升。

此后我每天都跟着练习，一年下来，但凡是身体不适我就做这套太极周身行气法，虽然只领略到此功法的皮毛，我却如有神助每次练习过后，人都像重生一样身心愉悦、神清气爽。

越接触越了解，越能感知到李氏古传太极的内涵浩如烟海，拳理博大精深。它的每一个动作甚至每一个眼神都对应牵扯着人的五脏六腑、七经八脉，真可谓学海无涯、学无止境。感恩遇见太极周身行气法，感恩薛文宇老师的大爱传播！

江苏苏州　李红梅

我是2018年经刘桂瑛大姐介绍，在网上学习太极周身行气法的。当时她边在网上学，边教农场的拳友们。

因为刚开始了解和认识的程度都不够，所以就无意识地按她讲的要求做，当时也没什么感觉，不久我就去杭州照顾我生病的姐姐。

照顾病人肯定是没有多少时间去练拳了，于是我就在我姐姐睡着时练这套功法。因为当时不得要领，所以怎么练也感觉不到气感，但坚持到杭州气候有些微凉的时候，我才感觉到体内的热气从脚底到了膝盖。

这是我练拳多年从未有过的感觉，练行气法感到气上了身，这种感觉一旦找到就会在生活中随时出现，即使是在厨房切菜、洗碗，都能找到脚底生热的感觉，很舒服。

因我本身就手脚冰凉，通过练习有了热感，解决了我身体的困扰，所以再练行气法时也不感觉烦了，这也是我在南方一年中最大的健康收获。

2019年春，我回到了农场，在刘桂瑛大姐对不规范动作的指导纠正下才真正对太极周身行气法的认识和掌握有了进一步的提升，这时气不只在膝关节，而是整个腿部都被气包裹着了，很舒服。

另外，我的右腿股骨头酸痛了很多年，夏天经常需要做刮痧来减缓酸痛感。在深入练习这套功法后，开始时感觉疼痛部位里面冒凉风，做了一段时间又感觉开始冒热风，后来不知不觉中就没有什么异常的感觉了。还有就是每年一到冬天，我的脚趾头就酸疼，有时走路都费劲，但是做了行气法后，这种疼痛感就没有了。

练太极周身行气法不仅对我的健康问题起到了明显的改善效果，还让我的太极拳有了一个全新的提升。2020年新冠疫情（现更名为新型冠状病毒感染）期间，薛老师每天在公益课堂做直播讲解，更让我加深了对行气法的理解。

薛老师讲的气贴脊背、含胸拔背、松腰、松沉到脚、借地之力、以身带手等要领感觉，我在做行气法时也逐渐找到了。我在练太极起势时一做就能感觉到内气充满周身。我在练拳中有时感觉脚底生热，如踩棉花一般，有时感觉气就在手指尖旁漂浮，因此打完一遍拳很舒服，一点都不累。拳友们说我的拳比以前有进步，松沉、掤劲都有了。

今后我会把这套功法教给我的家人及身边的朋友，让更多的人受益。感谢薛老师，感谢行气法给我的身体带来的健康！

黑龙江饶河红旗农场　陈桂荣

我叫路平，女，今年66岁。退休于内蒙古赤峰阿鲁科尔沁旗教育局。我是长期从事机关工作的公职人员，因为办公室的工作特点，导致长期缺乏身体锻炼，多种疾患随着退休离岗逐渐袭上身来。先是腰疾频发，每年要卧床数次，严重时医嘱限制活动和家务劳动。后来听力障碍、睡眠障碍、记忆障碍相继缠身，导致神经系统、心脑血管系统、微循环系统交替失常，直至最近五六年，身体抵抗力每况愈下，血常规的白细胞水平经常处于两个单位左右的非正常水平。

因为身体状况长期处于亚健康状态，所以导致很长一段时间要经常寻医问诊、药不离身，奔波在北京各大医院成了家常便饭。特别是2018年春季，我的陈年腰疾再度复发，一夜之间让我的健康状况雪上加霜，骨科专家勒令我硬床静卧30天，民间中医让我"绝缘家务"。我深深感受到了从未有过的心理恐惧，当时心里就想，我的夕阳人生怎么这么多的"沟沟坎坎"呢？顿感我的人生美好黯然失色。

就在我几乎丧失信心的时候，有幸接触到了薛文宇老师传播的李氏古传太极周身行气法，从此加入了太极周身行气法的学练行列。

寒来暑往，春夏秋冬，我每天锻炼太极周身行气法3个小时以上。尽管我们条件有限，一年四季全部在室外习练，但我坚持出操、风雨无阻。加之有辅导站负责人李艳燕的带领和拳友们的悉心指导，我渐渐地有了身上行气的感知，渐渐体会到了经络输通周身舒畅的感觉，渐渐迷上了太极周身行气法，一天不练就像缺少了什么，心里总是不踏实。

到2019年10月，我的身体状况发生了明显好转，奇迹终于出现了。

一是我的睡眠状况改善了，摆脱了药物依赖。已经不须服用安眠药就可以顺利入睡了。二是每年一至两次的腰疾复发导致卧床的情况没再出现过。三是我的微循环系统明显好转，手脚冰凉的感觉明显改善，干瘪的手指肚从此红润饱满。四是身体抵抗力明显提升。连续多次抽血化验，我的血常规指标化验全部正常，白细胞水平已达五个单位以上。

这就是太极周身行气法给我带来的神奇效果，是薛老师传授的道家太极功法解决了我缠身多年的顽疾。

说句心里话，我作为缺乏健身习惯的太极零基础学习者，接触太极周身行气法仅仅是抱着"别无他法，死马当活马医"试试看的心理。谁知仅仅练了一年多太极周身行气法，学习效果就超乎我的意料，让我及我的家人倍感惊喜。现在儿子、儿媳为了支持我学好李氏古传太极，最大限度地减少我的家务活动，让我把更多的时间和精力用在太极周身行气法的学习上。

内蒙古赤峰　路平

我今年64岁，在湖北省武汉市江岸区居住。我是从2019年6月19日开始学习太极周身行气法的，同年8月报名参加了薛老师在湖北恩施举办的线下培训。

在参加培训的前几天，我的腰椎间盘突出又复发了，每天扎针灸、做按摩、做理疗，虽然病情好了一些，但仍然感到腰痛不适。到了恩施后，每天跟着薛老师学练太极周身行气法，腰疼症状竟然完全没有了。之前还担心参加学习能否坚持下来，谁知道通过几天的现场学习，就把我多年的腰椎间盘突出的顽疾解决了。

从恩施学习回来至今，每天坚持练太极周身行气法，腰疼从未发生过，以前不能拿重物、旅游不能长时间坐车等问题，通过太极周身行气法的练习都得到了解决。腰椎间盘突出好了，睡眠也跟着较之以前好了，免疫力也增强了。

我非常感谢老师教给我们的这套道家太极周身行气法，身体健康了，生活质量也就提高了！

湖北武汉　王荣敏

我叫黄梅英，今年67岁。我是2019年2月6日开始学习太极周身行气法的，同年7月8日又参加了薛老师的线下培训。在学习太极周身行气法之前，我的血糖一直居高不下，这给我的生活带来了很多不便，也让我很担忧引起其他并发症。在练习太极周身行气法半年多以后，我的血糖测量显示已经恢复正常，这让我极为惊喜和激动。

2020年6月底，社区又来给例行做了血糖测量，仪器显示血糖正常，现在降糖药已经停药不吃了，精神也变得好多了。另外，我以前白头发很多，3个月不染，白头发就全出来了。2020年1月开始，忽然发现白头发比以前减少了，一年下来染头发的次数也明显减少了。这就是我练太极周身行气法的真实情况。我以一颗感恩的心感谢薛老师，感谢您教的功法让我的身体状况得到了好转，真是谁练谁得、谁练谁受益！

宁夏青铜峡　黄梅英

我1963年出生，湖南长沙人。于2019年5月经同学推荐学习太极周身行气法。在学这个功法之前我有很严重的腰痛，腰椎间盘膨出6.5毫米，稍微坐久一点或站久一点都不行，使生活极为不便。

刚开始学习时我还抱着怀疑的态度，尤其是在做躯干运动时我就暗想，这样的弯腰做运动，我的腰能受得了吗？但我还是严格按照老师的教学视频和要点要求认真地练习了下来，到7、8月份时，我慢慢地感觉我的身体有了一些微妙的变化——走路时感觉腰比前轻松多了，不像以前那么僵硬，坐或站也感觉比以前的时间要久了。

现在经过这两年多的练习，我的腰再也没有疼过了，身体其他方面的状况也比以前好了许多。我的邻居们都说我的精神面貌比以前好多了。在此，万分感恩薛老师的无私奉献和大爱，使我们能学到这么好的强身健体的功法。愿太极周身行气法这部神奇的道家功法在薛老师的传授下继续发扬光大、普惠众生。

湖南长沙　郭迪华

我由于长期坐着工作的原因，出现了腰椎间盘突出、腰肌劳损、风湿痛，经常手脚冰凉，致使长期以来只能一只脚用力，随之出现了右髋关节疼痛和长短腿的异常身体状况。因为听说练太极能治病，于是就跟着镇上的太极老师练起了24式、56式、74式等。

虽然每天勤学苦练，但是两年时间下来，身体的状况并没有得到明显好转，于是2018年下半年又重新开始求医。吃了一个半月的中药，火疗、拔罐、打封闭针……反正什么方法都用了，但治标难治本，这让我当时的心情非常的糟糕！

2019年2月份下旬，无意中看到了薛老师在公众号"太极秘密"推出的太极周身行气法，于是抱着试一试的心态进了四川省的线上辅导群。当4月中旬学完了太极周身行法时，我的腰椎就没以前那么疼了，胃口也有所改善，身体也没以前那么怕冷了，真好！于是我就坚持每天练这个太极周身行气法。

现在有两年半了，我身体原来的那些毛病真的没有了，腰椎问题也彻底好了，坐半天没问题，手脚暖和了，特别高兴的是髋关节疼痛的问题也好了，现在睡觉睡得特香，非常开心。我是太极周身行气法真实的受益者，愿这套功法能在祖国的大江南北普及开来，让更多有需要的人也能和我一样从中受益，让身体恢复到健康的状态。

四川什邡　肖开群

我曾经是一名多病的人，患有严重的腰椎间盘症、糖尿病、常年顽固性失眠，还患有面肌痉挛，严重时眼睛睁不开，天长日久，右眼和右边的脸都有些变形。为此20多年都没有停止过寻医问药。然而这些糟糕的状况，自从学练太极周身行气法后都有了极大的改善。

我从2019年5月11日开始学习这套功法。才真正从老祖宗传下来的太极里受益了。因为我体质比较敏感，学练当天就有了不一样的感觉。按照薛老师的口令和要求做第一个太极起势时就有了气感，动作做完，两手红红的，身体热热的。

当时在线上学习是以交作业的过关形式，学一个过关一个，然后再学下一个，这种方式非常的好。当14个动作都学练过关完毕的时候，我就发现我的睡眠改善了，不用吃药也能睡觉了。

后来我又在李井文老师的帮助指导下，每天都坚持练习、用心钻研。练习至今，我患了大约30年的面肌痉挛竟然也渐渐地好了，至今都没有再复发过，腰椎间盘症和血糖也都得到了大幅的改善，薛老师教的这套太极周身行气法的功效真的是挺神奇的！

学练太极周身行气法的效果，让我真正体会到了那句话，最好的医生是自己，最好的良药是太极！真是像薛老师讲的一样，谁练谁得、谁得谁知。我真心地感谢在太极的路上遇到了薛文宇这位良师，感恩太极周身行气法给我带来余生的幸福与希望，也祝愿这套功法能在全国大面积推广，让更多的人与我一样受益。

辽宁黑山　赵明

我于2019年4月30日报名参加薛文宇老师的太极周身行气法线上课程的学习。通过练习这套功法，让我这个80岁的老人受益匪浅。大致如下。

仅仅练习两个月后，在气血加速循环的作用下就将体内湿气和躁气从手上、脸上发出。又经半年左右的时间，变得皮肤光滑，脸上的老年斑有一些已经变淡、消失。

在没有练习太极周身行气法前，我的颈椎病比较严重，经常头晕、头痛。自练习太极周身行气法至今，再没有发过头晕、头痛的状况。

右肩的肩袖损伤严重，医生把拍的片子指给我和家人看，说拉伤这么大一个洞，不通过手术，它自己是长不好的。可是我跟儿女商量暂不想动手术，保守治疗看看再说。

可自习练了太极周身行气法到第5个月时，手就敢练冲拳了，肩也不痛了，手也能举得很高了。

太极周身行气法真的是非常棒。太感谢薛老师能把这么好的道家功法毫无保留地在全社会进行传播了！

上海浦东　黎明英

我是1967年生人，今年53岁。因为从小就是个病秧子，还没坚持到退休就生大病了（免疫性疾病），靠吃激素维持生命。期间也动过几次大手术，这样下来免疫力就更差了。身体经历着大大小小各种疾病症状的折磨，时间、金钱也全部耗费在治疗上了，严重影响到了我的正常生活。在身心极度崩溃的情况下，2017年下半年我与薛老师结缘，开始练习薛老师传授的太极周身行气法。

我由于长期吃激素的关系，导致饭量小，并且不容易消化，肚子胀，不能受凉，全身骨头都是疼的。练习太极周身行气法大概3个月的时间，我的饭量开始增加了、睡眠也改善了、身体的各种不适也慢慢减轻了。练功能够感受到双手发热，像冒热气似的，全身更加松柔，心里也愈发清静。到目前为止，我身边的人都见证了发生在我身上的奇迹。

我从最初脱离病痛到获得身心健康的过程中，太极周身行气法起了至关重要的作用。它帮助我加强了气血循环，清理了身体的寒湿气，增加了我的免疫力，对于一个曾经常年到医院"上班"的人，我已经3年多不进医院、不打针，几乎也没怎么吃过药了。

我真的庆幸自己遇上了薛老师、学上了好功法、捡到了健康宝藏、获得了身心的健康、深怀感恩之心，把感恩之情用于实际传习这套功法的行动上，让好功法传播开来，让每一个能接触到的人都减少病痛的折磨，让每个家庭获得健康幸福快乐的生活。这是我的心愿，也是在践行老师的心愿，我想这也是每一个学过太极周身行气法的学习者的心声和心愿。

青海　杨春玲

我是在2019年7月20日参加薛老师的太极周身行气法线下培训班的，至今练习太极周身行气法已有两年多。刚一接触到这部功法我就深深地喜欢上了它，也很快练出了气感。现在练任何一个动作都能有气贯周身之感。

之前我有严重的腰椎间盘突出症、颈椎增生、右膝盖前侧韧带断裂、头疼、失眠等症状。自从练了太极周身行气法后，这些症状的疼痛减缓了很多。我相信，随着我坚持练习，我的身体状况将会越来越好。

这套功法也让我的家人和身边朋友跟着受益。我的姐姐平时心脏不舒服，有腰椎间盘症及颈椎病，通过练习这套功法也得到了极大的改善，免疫力也得到了很大的提高，我和姐姐都感到窃喜，真是捡到了宝。最开心的是，她把这套功法教给了越南的儿媳妇，希望儿媳妇能在越南传播开来，让更多的人受益。感恩老师将这么好的功法传给我们，太极周身行气法将会伴我一生。

广东韶关　赖招萍

我在二十几年前有过腰椎间盘突出症，后经人介绍学习太极拳，想借此缓解疼痛。

我的腰疼在长期坚持练习太极拳的过程中是有所好转的，但有时也会复发。腰痛复发时，晚上睡觉上床困难，腰不能动。早上起来下床也难，特别痛苦，别人看不见，只有自己知道。随着年龄的增长，睡眠也不是很好，有时一整夜不能入睡。还有手指关节肿大、手指弯曲，一到冬天手脚冰凉、手脚干燥，脚的边沿开裂出血，经常要贴创可贴才行，脚上长老茧，要经常去洗脚店削老茧，不削老茧走路时就会很痛。

我在2019年2月腰痛又复发了，也是在这个时候，我遇到了薛老师在线上教授太极周身行气法。当我跟着坚持学练了半个月的时候，腰痛竟然有好转的迹象，之后继续深入练习，腰慢慢地不痛了，好了。当时别提有多高兴了。从此，我每天坚持不懈地练习这个太极周身行气法。

通过一年多的努力学习和练习，身体上的毛病一天比一天好转了：我的腰椎间盘突出至今再也没有痛过了，并且由腰椎间盘突出引起的要睡一晚才能消肿的腿肿情况现在已经消失了。原来膝盖疼的问题也消失了，走路、上下楼梯膝盖也不疼了；冬天脚也没有了开裂的情况，老茧也好了很多，不用去削脚了；手指关节不肿了、手脚也不干燥了，变得光滑有弹性了；冬天手脚冰凉也好了；睡眠质量也好了。还有我的精气神也比以前强了很多，气色变得非常好。

我要感谢薛老师传播李氏古传太极周身行气法这么好的功法，感谢周月红老师在线上耐心的辅导，让我终身受益。我立志不仅自己要受益，我还要紧跟薛老师传习太极周身行气法的脚步，让更多的人受益，让我们老祖宗传留下来的李氏古传太极代代相传，造福人类！

湖南汉寿　李三元

　　我退休已经有近10年的时间了，退休前身体状况一直不太好，除了颈椎病、肩周炎外，膝关节还有骨刺，关节滑膜受损严重，疼痛时上下楼梯都困难。2015年，又增加了一个坐骨神经痛的毛病，虽然通过治疗有所缓解，但时时反复，并未解决根本问题。

　　2017年6月下旬，我在北京参加了薛文宇老师举办的太极周身行气法的培训班，之后我每天练习太极周身行气法，让我的身体得到了前所未有的改变，颈椎病、肩周炎、膝关节都好了，行走、上下楼梯轻松了，上下公交车也不再感到困难了，走路都有了身轻如燕的感觉。不经意间还发现，四年来的坐骨神经痛的毛病再没找过我。

　　我通过练习此功法也真正弄明白了，以前是我的脊椎关节不会放松，随时都处于紧张状态，只是腰椎关节压迫神经造成了疼痛。后来在薛老师的指导下学会了如何放松身体的各个关节，椎骨松开后，神经压迫也就不复存在了。

　　太极周身行气法这门功法是个宝。很多人通过习练此功法，身体得到了明显的改善，每天必练。因为它不受场地、天气和时间的限制，无论单个动作还是整套动作，随时随地都可以练习。

　　如今我受益了，我也一定会在太极周身行气法的学习推广中奉献自己的微薄之力。希望薛老师大力推广此功法，让更多人受益。

湖北恩施　苏维平

我的太极之路缘于2018年元月，我的太极启蒙人陈明老师推荐我参加了李氏古传太极的线上学习，从此开启了我的健康之旅。同年3月，我又报名参加了薛老师在东莞举办的太极周身行气法培训班。

第一次接触到太极周身行气法这门功法时我真是摸不着头脑。记得第一天上课时，我就像机器人一样，跟着老师比划，整个身体非常僵硬，第三天开始能够感觉到手指上有一点点胀麻感，于是我一遍又一遍地练习，每天手掌都是胀鼓鼓的，我感觉很神奇，激发了我学习太极的兴趣。

回家后我对照老师的课件，一个动作一个动作地练习。练了两个月后，手掌胀麻感更强烈，腿上有触电感，腰椎时而有冰冻感，时而又有像撒了辣椒面一样火辣辣的刺痛感，时而又像掉到冰窟里一样，手指像有冰水一点点往外流动似的，时而又是像上了蒸笼，热气腾腾……

我询问老师这是怎么回事，老师说这些都是根据每个人体质的不同而出现的通经络或排病毒的反应。因此，我就坚定信心继续苦练。练着练着终于有了回报：原来失眠严重，整晚都睡不着，眼睛能睁到天亮，现在是头挨枕头就打呼噜；身体开始变得柔软听话了，蜡黄色的脸变得白皙红润了，精气神也越来越好了，认识我的人都说我年轻漂亮了，简直像变了一个人。

这些变化都是太极周身行气功法给予我的，也是薛老师无私、不保守的教学才有了我的今天，让我的身心得到了健康，生活充满了阳光，让我的退休生活多姿多彩。

太极路上学无止境，难在坚持、贵在坚持、成在坚持，所以我会一直努力、坚持下去，去收获属于自己的那个美好的明天。

湖北恩施　闵新春

我今年70岁。

2019年2月，经周月红老师的引导，我参加了薛老师线上的太极周身行气法的学习。几年前，我患上双眼睑痉挛这种神经系统的疾病，而这种疾病只能通过打肉毒素进行缓解，每3～4个月就要打一次，但是通过练习太极周身行气法，我的疾病得到了缓解，现在是6～8个月打一次针。原有的膝关节疼痛、脚底骨膜炎也随着练习的时日渐渐地好了，极差的睡眠也得到了很好的改善。我由衷地感恩薛老师让我终生受益。我也希望更多的人来学习太极周身行气法，让大家都获得健康。

广东广州　黄雪梅

我是2018年1月份接触到太极周身行气法的。练了3个月的时候，有一天突然发现我的肩周炎不疼了，不知不觉地练好了，我感觉这功法真好，就更加喜欢练功了。

2020年新冠疫情（现更名为新型冠状病毒感染）期间，薛老师公益性地推出了各种养生健身的功法。在薛老师的带领下，我每天大量的时间都是练功听课，量的积累让我有了更多的收获，精气神足了，比以前能干了，丹田也能调动起来了，功法越练越舒服，刚做预备势，身体就开始发热，身心都有一种说不出的愉悦和安舒。

我多年的排便不成形，通过练习行气法已经治愈了。通过这个亲身感受，我认为这套功法对于肠胃的调理确实非常有效，它是疏通经络最快的"法宝"。

练这个功法对于我还有一个惊人的变化。

我十二三岁时用火柴棍掏耳朵，不知是哪个弟弟、妹妹撞了一下我的胳膊，耳朵当时就疼得流血，后来严重时还流脓血。自己当时也没当回事，既没跟妈妈说，更没去看医生，所以耽误了，再后来左耳就聋了。

这个耳聋伴随我已有半个世纪，可前些天我用耳机听课，无意间发现我的左耳有了听力，能听到薛老师讲课的声音了，但不如右耳听力好，能有几分听力罢了，那我也感觉真是奇迹发生了。聋了几十年竟然还能恢复几分听力，我自己都不敢相信，我相信只要我坚持下去，一定能完全恢复我的听力。我的亲身经历真实地验证了薛老师总讲的那句话："早练早得，谁练谁得，谁得谁知。"

黑龙江饶河红旗农场　刘桂瑛

我从小喜欢运动，但是身体一直处于亚健康状态，低血压、贫血、眩晕症、手脚冰凉、乳腺增生、便溏便秘全有，每年都会感冒几次，有两年还处于抑郁状态，去登山又得了滑膜炎，运动不得法、心情不舒畅导致我在2013年做了左全肺切除手术，生活也随之发生了彻底的改变。

2019年2月，我有缘接触了太极周身行气法，没想到刚一学练，气感就来得那么真实和迅速，当我全身心放松下来，那种暖流沿腿而上的感觉瞬间为我打开了一扇门！没想到梦寐以求的功法就这么出现！14个动作，每个动作都是那么古朴典雅，每个动作的名字都充满诗情画意，我的心被融化了，每次练习身心都感到无比舒畅。

到了2019年5月的时候，我多年的乳腺增生竟然好了，多年的便秘情况也不见了，最神奇的是好了一个灰趾甲，那是手术后慢慢长出来的，分别是在两只大脚趾，越长越大，可练了这个功法之后，右边的居然消失得无影无踪，左边的也好了一半，这也是我意外的一份惊喜。

2019年7月，我又和同学参加了薛老师的线下培训，现场学习才发觉行气法的奥妙远远超过我之前所了解的。秋天时我又参加了抚顺班的复课，至此告别了膝盖痛，每次练习都全身暖洋洋的，手脚热乎乎的，非常舒服！现在的我再也不恐惧冬天的来临，而且省了艾灸的费用。

因为我的巨大变化，不断有人开始关注太极周身行气法，我愿意像薛老师那样尽己所能传习它。愿每个结缘行气法的人们都能从中受益。健康快乐！谁练谁得，谁得谁知。

辽宁辽阳　王虹茗

我今年54周岁，我从1998年体检时查出2型糖尿病，至今患病已有20余年，初查时的空腹血糖为7.8mmol/L。虽然在通过药物治疗的过程中尝试了很多药物，西药、中药，还有一些偏方，但是血糖始终控制的不理想，身体出现了一些并发症——肢体发麻、小腿发凉、视力模糊、少动懒言、大便无力还便秘，夜里睡眠不好，后来还出现了心悸的情况。

2019年，因为血糖居高不下，便来到省人民医院就诊，专家建议用胰岛素+药物治疗，从开始时注射8~10个单位的胰岛素到现在40个单位的胰岛素（早空腹20个单位，晚餐前20个单位）。就这样，药物的剂量越加越大，可血糖却是越来越高，我也是真的莫名其妙了。2019年体检时，空腹血糖为17.7mmol/L，糖化血红蛋白为10.2。因为患病时间长，身体关节也开始跟着有些病变。正好朋友（范彩琴）打电话过来问候我，我便说了一下身体的状况，于是朋友便给我推荐了这套功法，站无极桩和周身行气法。

她对我说，和她一起练功的一位阿姨也是血压高、血糖高，通过练周身行气法和站无极桩，血压、血糖都得到了控制并恢复了正常。于是我便从2019年6月12日开始跟朋友一起学习这套功法。学练了一年左右，身体就已经明显发生了变化。变化情况如下：

一是走路比以前轻松舒畅了，之前的两腿沉重感消失。二是睡眠好了。之前睡眠质量不仅差，中间还要起一两回夜。三是心悸的症状没有了。四是排便通畅了（之前两三天一次，现在一天一次还成形，特别规律）。

现在的空腹测量，血糖已经降到了10mmol/L，于是我把胰岛素剂量早晚各减了2个单位。这让我坚定了练功的信心，我一定振作精神，刻苦练好太极周身行气法。

感恩太极先贤们创立这么好的功法，也感恩薛老师把这么好的功法传承下来并毫无保留地传授给大众，您的大爱惠济大众，功德无量！还要感谢我的好友范彩琴引导我走上了练功的康复之路，也谢谢一起练功的老师、拳友对我的指点和帮助。我将会沿着太极这条路继续前行，为健康努力加油。

甘肃敦煌　张晓瑛

我现年68岁，是湖南怀化的一名退休临床医师。上班时由于工作繁忙，加之操劳家务、缺乏身体锻炼，造成了身体的气血不通，留下了很多不适症。退休十余年来用了很多办法都一直未解决这些身体的不适症。

2019年5月有幸结缘薛老师，在线上参加了太极周身行气法的学练。学习结束后，自我感觉非常不错，每当做完行气法后，全身都有轻松舒畅的感觉，十指有麻胀热感。从此，我便喜爱上了这个太极周身行气法，每天早晚都要练习2~4遍。练习半年后，身体受益更明显了，大致表现在如下三个方面：

一是我典型的阳虚体质明显好了起来，手脚暖和不怕冷，先前的冰凉感已消失。二是两手十指寒冷性小血管炎痊愈了。之前每年天气转凉后，我双手十指遇冷水会出现红肿疼痛，通过练习太极周身行气法，现在双手十指不红肿、不疼痛了。三是睡眠欠佳的状况彻底改变了，以前不易入睡还容易惊醒的失眠状况现在也无影无踪，能睡上美觉了。

身体这一切的转变全靠通过学练这套功法打通了全身气血，使我原来的身体不适症彻底消失了！是太极周身行气法给我带来健康的体魄。真是谁练谁受益！感谢尊敬的薛老师把这么好的功法传授给我们，希望对人们健康效果帮助这么大的太极周身行气法能更广泛地走向社会。

湖南怀化　袁悦和

我今年57岁，退休前是一名财务人员。因我2010年11月至2011年3月得了绝症，不到半年就做了两次大手术，加之单位工作量大，又患了腰椎间盘突出、颈椎病、失眠、气血不通、手脚冰凉、"三高"等毛病，可以说是全身皆病。两次大手术导致免疫力非常差，整天都是昏昏沉沉的，经常感冒，办公室、包里、家里放的全是药，一感冒所有的病就都出来了，有时甚至丧失了生存的信心和决心！

熬到了2018年8月，老天有眼，让我结缘了薛老师传授的太极周身行气法。通过每天不懈的坚持练习，以前的手脚冰凉、气血不通有了明显的改善；原来冬天最容易感冒，现在没有了；以前到了冬天手脚全开裂，现在也没有了，整天吃得香、睡得好，把家里的电热毯、热水袋全丢掉了，并且两年多都没吃任何药了，家人们也别提有多高兴了。

最后我想说，是薛老师传授的这套功法给了我第二次重生，我将永远珍惜，并以感恩的心将我身边那些长期与病魔作斗争的人带到这个温暖的大家庭中参与学习，让更多的人也跟着受益。

贵州印江　田如英

我叫李秀兰，1946年4月出生。在练习太极周身行气法之前，体重82公斤，心脏病、糖尿病、高血压、腰椎间盘狭窄压迫神经造成左腿腿瘸，行动不便，走走停停，多次住院治疗不见痊愈。血糖高达九点多，得靠住院来降血糖。耳鸣、失眠严重，去医院医生都说治不好了。可是自从2019年5月25日开始跟着葛老师学习薛文宇老师传授的周身行气法以来，我的身体却是发生了翻天覆地的变化。

第一个变化，从过去每半年要住3次医院，致现在一年多来再没进过医院。第二个变化，体重从82公斤降到现在的72公斤。第三个变化，血压正常了，心脏病的药也不吃了。第四个变化，血糖空腹测量已经降到了5.3~5.8，降糖药也减量了。第五个变化，耳鸣、失眠也不治而愈了。

所以，现在走路变得步态轻盈，上楼不再像以前那样三五个台阶就得歇歇。以前消极悲观厌世的心态也没有了，变成了一位热爱生活、开开心心、满满正能量、和蔼可亲的人！在此深深地感谢薛文宇老师，感恩您传授这么好的功法，让我余生受益匪浅！

甘肃酒泉　李秀兰

后记

古代修真有曰："气是添年药，心为使气神。能知行气主，便可成仙人。"此处所说的"仙人"就是身康体健，延年益寿的练功者。而若想成为这样的"仙人"非通过炼气、养气而不可。炼气顾名思义，是对人体的内气进行千锤百炼，进而去其杂质、留其精华的所指。养气则是凝聚气之精华，封固藏养之谓。

古代修真有曰："气是添年药，心为使气神。能知行气主，便可成仙人。"此处所说的"仙人"就是身康体健，延年益寿的练功者。而若想成为这样的"仙人"非通过炼气、养气而不可。炼气顾名思义，是对人体的内气进行千锤百炼，进而去其杂质、留其精华的所指。养气则是凝聚气之精华，封固藏养之谓。

炼气主动，养气主静；动者在意，养者在神；气者无形，神意无相；无形无相，同类同频。故"能知行气主"指的是神、意二者，二者又皆发之于心，故在"太极秘谱"中有"以心行气"之说。只有"以心行气"才能真正做到"气遍周身"。气遍周身不稍滞，益寿延年不求人。

这部功法根据习练的次第与层次分为上下两部分。上部功名为"筑基炼形"，下部功名为"开关展窍"，本书为上部功。

"筑基炼形"侧重的是以形导气，习练的气脉以十二正经为主。意在通过对功法的练习将周身僵紧的骨肉柔化，堵塞的经络通开，羸弱的血气变强。进而使得诸多的慢性疾病和亚健康等情况随之明显改善，甚至恢复正常。这在道家功的术语中称之为"小炼形"。

"开关展窍"侧重的是引气入脉，是在上部功有了基础的前提下，进一步地将内气沿着奇经八脉进行拓宽、运转。属于道家功修炼的"大炼形"的高层次阶段。

相信大家无论是通过对这部功法文字部分的学习，还是功法的实际练习都是能深刻感受得到它的独一无二、与众不同。

  这部功法原本不是针对普通大众创编的，我在第一章的"功法源流"一节已经做过说明。经过我和我师父结合自身体悟及学众们地体验反馈不断地进行完善，进而形成了适合每一个人学练的功法，可谓用心良苦。可是再好的功法也需要大家去练才能收获效果，而且要用心地练、坚持地练。正所谓，谁练谁得谁受益，下多大的功夫受多大的益。学而不思则罔，思而不学则殆。只有在学中练才能有真实的感受和效果，只有在练中悟（感受）才能有更深的认识。总而言之，你有多用心对待这部功法，这部功法会给予你相同的回报。

  2020年，国家体育总局健身气功管理中心面向全社会征集健身气功运动处方。我将太极周身行气法根据若干年来的教学反馈效果，按照运动处方的要求创编了适合糖尿病人群锻炼改善的"循焦消渴方"和适合腰背部疼痛人群锻炼改善的"强脊壮腰法"。后经过国家相关部门专家们的层层审核最终获得了认可通过，进入了国家健身气功运动处方库。可谓是翻开了太极周身行气法传承历史、发展创新的崭新一页。我非常相信通过对这部功法的整理、推广对于越来越重视健康的你有雪中送炭，锦上添花的效果。我更是相信当你能从中受益，气遍周身、元气满满的时候，我们无论相隔多远，那种奇妙的感受会跨越时空的距离，超越语言的限制。